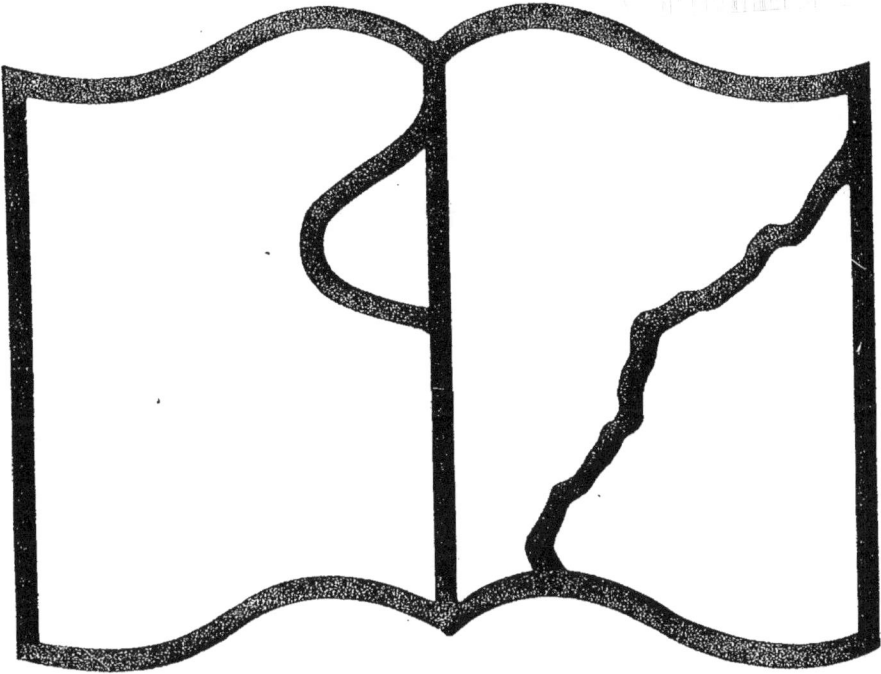

Texte détérioré — reliure défectueuse

NF Z 43-120-11

ŒUVRES DE CH. PAUL DE KOCK
Édition grand in-4° illustrée

LES INTRIGANTS

BERLINGOT & CIE

PARIS

JULES ROUFF ET Cie, ÉDITEURS

14, CLOITRE SAINT-HONORÉ, 14

LES INTRIGANTS

BERLINGOT & Cᴵᴱ

UNE FÊTE CHEZ UNE COCOTTE.

Madame de Sainte-Hermine, qui s'appelait d'abord Olympie, puis Laurette, au théâtre où elle avait fait des bouts de rôle, et auparavant Goton, chez sa respectable mère, était devenue une femme à la mode, grâce à sa beauté, et peut-être aussi à quelque chose d'original dans la voix, dans sa manière de prononcer les r. Cela lui avait nui au théâtre, et cela était cause de ses succès à la ville ; aussi avait-elle promptement quitté la scène.

Ayant fait la conquête de ces hommes qui croient devoir jeter leur argent par la fenêtre pour obtenir l'amour d'une femme, la belle Olympie s'était volontiers prêtée au caprice de ces messieurs, qui se ruinaient pour elle ; mais, plus prévoyante que beaucoup de ses émules, elle n'avait pas gaspillé les richesses qu'on avait mises à ses genoux ; elle avait songé que la jeunesse n'est pas éternelle, et ne voulant pas s'ennuyer, lorsque les autres s'amuseraient encore, elle avait amassé une fortune qui, maintenant qu'elle approchait de la quarantaine, lui permettait de donner des dîners, des fêtes, et, par conséquent, de s'entourer encore de tout ce monde de viveurs qui va toujours où l'on rit, où l'on joue, où l'on mange, où l'on danse, enfin où l'on s'amuse.

Volenville (1) avait, comme beaucoup d'autres, offert ses hommages et ses billets de banque à la belle Olympie. Ce temps était passé ; mais, entre gens bien appris, d'une chaîne d'amour il reste toujours des relations agréables. Volenville était donc certain d'être le bienvenu à une fête donnée par madame de Sainte-Hermine, qui n'était jamais si heureuse que lorsque la

(1) *M. de Volenville*, broch. gr. in-4° illustrée. Prix : 0 fr. 75.

foule encombrait ses salons et que les danseurs trouvaient à peine une petite place pour danser, en se marchant sur les pieds.

L'homme d'affaires se trouve justement dans l'un de ces raouts qui plaisent tant à ces dames. C'est avec peine que l'on parvient à pénétrer dans les salons de la ravissante villa, où l'on ne voit que fleurs, lustres, feux de toutes couleurs ; où les accents de la joie se mêlent aux sons de la musique et à l'odeur du punch. Toutes les femmes galantes de Paris ont été conviées à cette fête ; elles y rivalisent de charmes, d'attraits, d'allégresse, de coquetterie. Quant aux hommes, qu'est-il besoin de dire qu'ils y sont accourus en foule ? ces messieurs ne forment-ils pas toujours le cortège de ces dames !

La déesse de la fête, qui trouve à peine le temps de recevoir tout son monde, aperçoit Volenville et lui donne une poignée de main en lui disant :

— Ah ! c'est vous, cher ami, que vous êtes gentil d'être venu !... Vous ne connaissiez pas ma villa ?...

— Non ; c'est la première fois que j'y viens...

— C'est votre faute ; vous savez qu'on vous voit toujours avec plaisir.

— Je sais que vous êtes toujours adorable...

— Taisez-vous, flatteur... je serais capable de vous croire ! Pardon, cher ami, je vais recevoir un baron allemand qui m'arrive là-bas...

— Allez, allez... Ah ! je ne vous demanderai qu'une chose...

— Quoi donc ?...

— C'est de me présenter au banquier Cramoisan, dont je tiens à faire la connaissance...

— Cramoisan ?... Oh ! c'est très-facile... Il n'est pas encore venu, mais il viendra... oh ! je suis sûre qu'il viendra ; Primerose est ici...

— Qu'est-ce que Primerose ?

— C'est sa nouvelle, sa dernière, à ce que je crois, du

moins, car c'est un vrai pacha, que ce Cramoisan !...
Ah ! mon Dieu ! et mon baron...

Olympie a quitté Volenville ; celui-ci parcourt les
salons, y trouve beaucoup de visages de connaissance,
regarde les parties qui sont en train, reconnaît dans
les joueurs quelques-uns de ces messieurs qui gagnent
toujours, et qui ont quelquefois des compères, contre
lesquels ils entament une forte partie, qu'ils ne manquent pas de perdre alors, puis une autre, puis une
autre encore; ce qui est fort adroit, parce que les niais,
les voyant perdre, se disent:

— Qui diable prétendait donc que ce monsieur ga-
gnait toujours ?... Voilà dix mille francs qu'il vient de
perdre devant nous, et il paye sans murmurer. C'est un
beau joueur !... un très-beau joueur !

— Oui, se dit Volenville, pour ceux qui ne savent
pas que l'autre lui sert de compère, et qu'il lui rendra
tout à l'heure tout ce qu'il vient de lui gagner. Mais
vous ne m'y prendrez pas, mes gaillards... Je vous
connais, moi... je ne ferai pas votre partie. Si je perds
de l'argent ici, il faut au moins que cela me serve à
quelque chose.

— Bonjour, Volenville !

— Te voilà, mon gros Volenville !...

— Que deviens-tu donc ? On ne te voit nulle part depuis quelque temps...

— Mesdames, vous êtes trop aimables de vous en
être aperçues... J'avais fait comme les colimaçons,
j'étais rentré dans ma coquille !...

— Il faut que tu aies une fameuse coquille pour te
cacher dedans...

— Dis-donc, Volenville, toi qui aimais tant la nou-
veauté, connais-tu cette nouvelle beauté à la mode,
qui a, dit-on, tourné la tête au petit Anglais... lord
Rigfort... au point qu'il lui a tout de suite donné un
hôtel ?...

— De qui voulez-vous parler, mesdames ? Je n'y suis
pas du tout.

— Eh bien, de celle qui se fait appeler madame Astrakan... Elle a pris un nom russe... Quel genre !...

— On assure qu'elle est Suédoise...

— Laissez-moi donc ! elle dansait à un petit théâtre
du boulevard...

— Eh bien, qu'est-ce que ça fait ?

— Elle est donc bien jolie, cette nouvelle ?...

— Elle est plutôt gentille que jolie ; mais ce qui a
fait son triomphe, c'est son pied, c'est sa jambe !... Il
paraît qu'elle est faite comme un amour !

— Crois-tu qu'elle vienne ici ? Sainte-Hermine l'a-
t-elle invitée ?

— Oh ! non pas, elle s'en serait bien gardée !... Songez donc qu'on attend Cramoisan, le fastueux Cramoisan ! Et, comme c'est un monsieur qui prend feu comme
une chimique... il serait capable de s'enflammer tout
de suite pour cette nouvelle Cendrillon.

— Cramoisan est donc toujours l'amant d'Olympie !

— Mais non ! Ah ! d'où sors-tu donc, ma chère ?
Comme tu es arriérée ! Il y a longtemps que le banquier a lâché Olympie !... Pour le moment, il est avec
Primerose, la langoureuse Primerose, que Sainte-Hermine aime beaucoup !...

— Parce qu'elle l'a remplacée près de Cramoisan !

— Ah ! que tu es bête !... Il y en a eu dix autres dans
l'intervalle ! Enfin, elle n'a pas invité cette madame
Astrakan, parce qu'elle sait bien que cela aurait beau-

coup contrarié Primerose, qui se flatte de conserver
longtemps le cœur du riche banquier...

— Moi, je me moque pas mal de son cœur ! S'il veut
me donner sa caisse, ça me suffira... Je lui permets un
sérail !

Volenville n'est pas fâché d'écouter le caquetage de
ces dames, qui achèvent de lui faire connaître les goûts
du banquier ; et comme en ce moment il entend une
de celles qui parlaient s'écrier :

— Le voilà, ce monsieur qui fait le Grand Turc !
Mesdames, que pas une de vous ne souffle mot sur
la nouvelle maîtresse de lord Rigfort, sur cette sédui-
sante Astrakan !... Olympie me l'a bien recommandé !...
Le pacha ne la connaît pas encore ; il est inutile de lui
mettre la puce à l'oreille.

— C'est convenu !

— Enfin ! se dit Volenville, je vais le voir, ce fortuné
mortel !...

Et il examine tout à son aise ce personnage, qui
vient d'entrer dans le salon.

M. Cramoisan est un homme de quarante-huit ans,
mais qui a encore toutes les manières et la vivacité
d'un jeune homme. Il est grand, fort bien fait, et sa
mise, toujours élégante et soignée, est choisie de façon
à faire valoir tous ses avantages. Il est aussi fort bien
de figure, et au premier abord on trouvera que c'est
un cavalier accompli ; mais, en le considérant avec
attention, on reviendra sur ce jugement. Le banquier
a des cheveux bruns et abondants ; ils sont toujours
frisés, lissés, séparés, parfumés avec soin : on n'aperçoit pas un filet blanc ; mais l'éclat, le brillant même
de ces cheveux peut faire croire qu'on leur met quelquefois de la couleur ; la raie est toujours irrépro-
chable ; le front est bas, les yeux sont assez grands,
mais couverts ; ces yeux-là veulent avoir presque toujours une expression aimable, courtoise ; ils s'accor-
dent avec la bouche pour vous faire sourire. Mais tout cela
est faux : cette bouche mince et rentrée est plutôt faite
pour exprimer l'ironie que la satisfaction, et ces yeux
en dessous cherchent à lire dans votre pensée, tout en
ayant soin de vous dissimuler la leur.

Toutes les femmes, même celles qui avaient eu l'air
de se moquer du banquier, courent au-devant de lui
en faisant les gentilles, en employant toutes ces petites
minauderies auxquelles les hommes aiment à se laisser
prendre. De son côté, le beau monsieur fait l'aimable
avec toutes ces dames, leur sourit, leur baise les mains;
il a beaucoup à faire pour répondre aux empresse-
ments dont il est l'objet.

Un monsieur entre deux âges, qui se trouve alors
près de Volenville, ne peut s'empêcher de dire:

— Adulent-elles ce Cramoisan !... sont-elles toutes
après lui !... En vérité, cela fait pitié de voir l'engoue-
ment de ces dames pour cet homme qui joue au sul-
tan !... Il se moque d'elles toutes !

— Il ne s'en moque pas ! répond un jeune dandy,
puisqu'il les comble de cadeaux...

— Et où prend-il tout l'argent qu'il dépense avec
ces cocottes ?

— Mais, dans sa caisse, probablement.

— Quand on y va de ce train-là, c'est dangereux ;
je ne lui confierais pas ma fortune, à moi !

— Ça lui serait peut-être bien difficile, à ce monsieur, de confier sa fortune à quelqu'un, murmure le
jeune dandy à l'oreille d'un autre.

Le monsieur entre deux âges, qui semble vexé des succès que M. Cramoisan obtient auprès des jolies femmes, reprend au bout d'un moment, en s'adressant cette fois à Volenville :

— Quand je vois ce Cramoisan courtiser toutes ces folles créatures, je me dis qu'il n'est pas digne d'avoir pour femme légitime une personne aussi remarquable pour sa beauté que pour sa vertu... Et, en vérité, il faut en avoir, de la vertu, pour la conserver près d'un tel débauché !

— Vous connaissez la femme de ce monsieur ?

— Oui, je me suis trouvé dernièrement avec elle en soirée ; je l'ai reconnue pour l'avoir vue à Lyon, où j'ai habité quelque temps. C'est une demoiselle d'une noble famille... mademoiselle Mathilde de Brillanval.

— De Brillanval, dites-vous ?... Quoi ! l'épouse de ce monsieur Cramoisan est mademoiselle de Brillanval ?

— Sans doute, est-ce que vous la connaissez ?

— Non... pas moi..., mais une personne qui me touche un peu.

— Ces Brillanval n'avaient plus le sou, ils étaient complètement ruinés ; alors on a consenti à donner la belle Mathilde à Cramoisan, qui commençait à briller dans le monde.

— Et il a bien voulu épouser cette demoiselle qui n'avait rien ?

— Mais qui était fort belle, et dont il était éperdument amoureux ; et, quand ce monsieur est amoureux, il ne connaît aucun obstacle ! Je crois que maintenant il se repent bien d'avoir fait ce mariage. Son amour pour sa femme n'a guère plus duré que celui qu'il a pour ses maîtresses... Mais, une femme, cela se garde !... Vous voyez du reste que cela ne le gêne pas.

— Pour subvenir à tout cela, il faut qu'il ait une grande fortune ?...

— Il a joué à la Bourse, il a été heureux dans ses opérations... Maintenant, il a un grand crédit !... Mais c'est égal, je répète que je ne lui confierais pas ma fortune... Ah ! l'on apporte du punch glacé... voilà qui me va !... Je vais m'en fourrer jusque-là !

Le monsieur court après le plateau de punch. Volenville le laisse aller, réfléchissant à ce qu'il vient d'apprendre et se disant : — Cette femme que mon neveu adorait, qu'il veut absolument retrouver, est l'épouse de ce fameux banquier, qui fait tant parler de lui !... Pardieu ! si maintenant je rencontrais Henry, je le rendrais bien heureux ! Mais à quoi bon ?... Quel bénéfice gagnerais-je à ce que mon neveu sache cela ? Voyons, il faut avant tout tâter le Cramoisan.

Cinq minutes après, madame de Sainte-Hermine vient à Volenville, le prend par la main et le conduit devant le fastueux banquier, qui était assis sur un divan à côté de celle de ces dames que l'on appelait Primerose.

— Mon cher Cramoisan, dit Olympie, permettez-moi de vous présenter un de mes bons, de mes vrais amis, M. de Volenville, qui a le plus grand désir de faire votre connaissance et qui en est digne sous tous les rapports.

Cette dame ne se doutait pas qu'elle disait là une grande vérité. Mais, en général, dans la conversation, les vérités passent souvent inaperçues ; on ne fait attention qu'aux blagues.

Le banquier fait l'accueil le plus aimable au monsieur qu'on lui présente. On échange ces phrases faites d'avance pour de telles circonstances, puis, pour cimenter leur connaissance, ces messieurs se proposent une partie d'écarté que Cramoisan veut bien ne jouer qu'à cent francs, parce que la tendre Primerose lui a dit : « Je serai de moitié dans votre jeu ! » Ce qui, avec ces dames, veut dire : « Nous partagerons si vous gagnez ; si vous perdez, ça ne me regarde pas. »

Volenville, qui tient à être agréable au banquier et à sa maîtresse, perd lestement quelques billets de mille francs ; mais Primerose le trouve très-beau joueur et Cramoisan l'engage à venir à ses soirées. C'est tout ce que l'homme d'affaires voulait. Il passe une partie de la nuit à Enghien, s'en revient le lendemain matin et voit arriver chez lui son associé Berlingot, qui fait une mine piteuse et lui dit :

— Tu viens de t'amuser, toi, tu es bien heureux !

— Et qui t'empêche d'en faire autant ?

— Je suis à sec !... J'ai joué à la bouillotte et j'ai tout perdu !

— Pourquoi diable t'avises-tu de jouer à la bouillotte ?... Tu es un niais !... Enfin, nous avons encore des fonds en caisse ?

— Ah ! oui ! il n'en restait pas lourd ; ce butor de Robillot nous avait mis en pension un énorme dogue qui a fait des horreurs dans notre beau local.

— J'espère que tu as mis le chien à la porte ?... Et il n'apporte pas ses autres cent mille francs, ce drôle ?

— Bien au contraire ! le marchand de fromages est devenu un bambocheur ; il fait ici des folies avec les femmes. Il a mangé son trimestre, il est venu m'emprunter de l'argent. J'ai bien été forcé de lui en donner pour retourner à Meaux chercher le restant de son héritage ; je l'ai mis moi-même en wagon, il doit être de retour demain... Mais je n'ai plus que quelques napoléons dans ma poche, je ne puis pas avec cela offrir un festin à la famille Croutmann. Cela me met dans une fausse position ; je m'étais avancé, je pressais la maman Croutmann de se rétablir en lui disant : « Dès que vous serez guérie, je vous offre un joli déjeuner dans ma maison de banque. » Maintenant cette dame est guérie, et le papa me dit tous les jours : « Eh bien, à quand ce fameux déjeuner ? J'ai bon appétit, moi !... » J'ai été obligé de dire que j'avais les peintres, et que je ne voulais pas exposer une convalescente à venir chez moi tant que cela y sentirait la couleur.

— Mais pourquoi diable vas-tu jouer à la bouillotte ?...

— Tu es en fonds, toi, tu vas me prêter quelques billets de mille ? Il faut bien que je donne ce déjeuner... Mon Alsacien, dès qu'il me voit, m'aborde en me disant : « Cela sent-il encore la couleur chez vous ? » Je suis obligé de répondre : « Oui. » Et il reprend : « Vous avez donc fait venir partout. » Quand ils viendront, j'aurai soin de frotter plusieurs meubles avec de la térébenthine.

— Allons, j'ai pitié de toi. Tiens, voilà trois mille francs. Fais tes invitations et donne ton déjeuner dînatoire : nous tâcherons de griser ton capitaliste ; il faudra bien qu'il fasse une partie le soir...

— Merci, cher ami !... Tu as probablement été heureux chez la Sainte-Hermine ?... Je vois cela à ton air triomphant.

— Tu te trompes, j'y ai perdu autant que je viens de

te prêter; mais je n'en suis pas moins content d'y avoir été, parce que j'ai fait la connaissance du banquier Cramoisan, qui m'a engagé à aller à ses soirées..., et j'ai idée que je ferai de bonnes affaires dans cette maison-là.

— Ah! à propos... je savais bien que j'avais encore quelque chose à te dire!...

— Voyons, qu'est-ce encore?

— Il se trouve, par un hasard singulier, que ton neveu demeure dans la même maison que la famille Croutmann.

— C'est assez drôle, en effet. Mais qu'est-ce que cela peut te faire?

— Cela fait que, comme voisin, il a rendu quelques services à ces Alsaciens : il a procuré un médecin à la mère, médecin dont on a été fort satisfait. Alors on a engagé M. Henry Demarsay à venir voir souvent ses voisines...

— Eh bien?

— Eh bien, quoi, tu ne devines pas? Ton neveu est assez joli garçon... pas si bien que moi, à coup sûr; mais les femmes... les jeunes filles surtout, aiment les airs mélancoliques, les teints pâles... Cette petite Ketly, qui doit avoir le goût romanesque des Allemandes, est capable de se prendre de passion pour ton neveu!... Ensuite, ton neveu, qui me connaît pour m'avoir vu plusieurs fois avec toi... ne peut-il pas me desservir près des Croutmann?...

— Oh! Henry est incapable de dire du mal de quelqu'un qui ne lui en a pas fait!...

— C'est égal; je ne l'ai encore rencontré que deux fois chez les Croutmann, mais ma présence chez eux a paru le surprendre.

— Eh bien, rassure-toi, mon pauvre Berlingot; puisque mon neveu se trouve sur ton chemin, je vais t'en débarrasser en lui donnant de l'occupation... Je te réponds qu'il ira moins chez les Croutmann!

— Comment donc vas-tu faire pour cela?

— J'ai découvert le nom du mari de cette femme qu'il adorait, qu'il brûle de revoir... Il y a mieux : je sais l'adresse de ce mari...

— Il serait possible!... Est-ce que tu le connais?

— D'hier seulement. C'est le banquier Cramoisan qui a épousé la belle Mathilde!...

— Cramoisan!... celui qui change si souvent de maîtresse?

— Lui-même!... Oh! j'ai été bien renseigné par un monsieur qui ne l'aime guère, à ce que je crois. Ce Cramoisan est le fils d'un négociant en rubans de Saint-Étienne. Le père avait une excellente réputation; le fils étant jeune était déjà un farceur, un assez mauvais sujet... Mais tout cela nous est égal; l'important c'est que je sais que sa femme est cette demoiselle de Brillanval, que mon neveu devait enlever. Je ne comptais pas d'abord faire part de ma découverte à Henry, mais du moment qu'il me gêne et pourrait me nuire chez les Croutmann, je n'hésite plus. Je vais lui écrire de venir au plus vite me trouver; il devinera bien pourquoi et s'empressera d'accourir. Je vais lui donner des nouvelles de cette femme qui lui tient tant au cœur, et il n'aura plus le temps d'aller causer chez ses voisines.

— Merci, cher ami; moi, je vais alors penser à mon grand déjeuner. J'inviterai quelques amis!...

— Oui, deux ou trois, ce sera assez... Est-ce que tu ne connais pas quelque femme qui puisse aussi se tenir convenablement devant tes deux Alsaciennes?...

— Ma foi! c'est difficile... il y a bien Florine Legras mais elle se grise toujours au dessert.

— Pas de femme alors... tu diras que c'est un déjeuner de garçon.

— C'est aujourd'hui lundi, j'inviterai pour jeudi.

— Très-bien; et, d'ici là, si le Robillot a fait son second versement, on pourra l'inviter au déjeuner.

— Ma foi, oui; cela fera d'une pierre deux coups.

— Commande tout chez Potel et Chabot, et que rien ne manque!

— Sois tranquille!... mais n'oublie pas d'écrire à ton neveu.

II

UN MYSTÈRE

M. Joconde, le portier de M. Tourbillon, celui qui s'exerçait à danser la gigue dans sa cour, en s'appuyant sur son balai; M. Joconde, ce séducteur des bonnes du quartier, n'avait pas tardé à savoir que le jeune avocat du troisième avait amené un médecin pour madame Croutmann. Il en avait ressenti une vive colère, qui s'était traduite par ces menaces :

— Ah! ce monsieur se permet d'amener un médecin étranger dans la maison, tandis que nous en avons un au quatrième, qui est capable de purger et de saigner tout le quartier!... C'est bien! on s'en souviendra dans l'occasion!... C'est cent sous que ce monsieur m'ôte de la main!... C'est absolument comme s'il me les prenait dans ma poche!... Mais qu'il vienne quelqu'un le demander pour le consulter!... Je dirai toujours qu'il n'y est pas. Qu'il lui arrive des lettres pressées!... il les aura le lendemain.

Malheureusement pour le portier, Henry Demarsay ne recevait presque jamais de lettres et rarement du monde; il était donc difficile à M. Joconde de trouver l'occasion de se venger.

L'amitié que la famille Croutmann témoignait au jeune avocat lui avait fait trouver sa société agréable. Il parlait un peu allemand, ce qui enchantait le papa; il s'informait avec intérêt de la santé de la maman, la complimentait sur le retour de ses couleurs, ce qui plaisait fort à Gotlieb; enfin il causait avec Ketly, ou plutôt l'écoutait lui raconter ce qui l'avait le plus frappée dans Paris, et l'impression qu'elle ressentait dans ces belles promenades, devant les magasins de nouveautés si brillants, si élégants, où la foule se portait. Henry Demarsay écoutait peut-être assez mal ce que lui disait la jeune fille; souvent son esprit était ailleurs et il lui eût été difficile de répondre à ce qu'on lui racontait. Mais ce que Ketly disait ne demandait pas de réponse; la jolie Alsacienne se trouvait heureuse d'être ainsi écoutée par un monsieur de Paris, et ce qui la charmait, surtout, c'est que celui auquel elle faisait part de ses impressions ne l'interrompait pas pour lui dire des douceurs, pour lui adresser de ces fades compliments que bien des hommes croient devoir sans cesse glisser dans ce qu'ils disent à une femme et qui fatiguent celles auxquelles le complimenteur ne plaît pas.

C'était justement ce qui arrivait lorsque Berlingot tâchait de causer avec Ketly. Si celle-ci disait : « J'ai vu une dame qui avait une toque rose et noire. Est-ce là mode ? » Berlingot répondait :

— Ce sera la mode si vous en portez, car vous êtes faite pour donner la mode... vous ferez adopter tout ce qu'on vous verra. »

— J'ai vu hier une pièce au théâtre du Vaudeville... celui qui fait l'amoureux, joue très-bien, il m'a fait grand plaisir, » disait Ketly ; et Berlingot s'écriait :

— Ah ! qu'il est heureux, l'acteur qui vous a fait plaisir !... Que je voudrais être à sa place !... Mais il ne connaît pas son bonheur. »

Alors Ketly, que ces discours ennuyaient, se levait vivement et allait s'asseoir près de sa mère, tandis que le beau gandin, piqué de ce qu'on le laissait là, se disait :

« Elle ne comprend pas toutes les jolies choses que je lui adresse... Je la crois bête comme un pot, cette demoiselle ! Mais elle a une dot qui a diablement d'esprit. »

En rencontrant Berlingot chez les Croutmann, Henry en a été assez surpris. Mais il s'est bien gardé de laisser paraître l'impression peu agréable que lui a fait éprouver la vue de ce monsieur, qu'il sait être intimement lié avec son oncle. Un salut a été simplement échangé entre ces messieurs.

— Vous connaissez M. Berlingot ? a dit Gotlieb à son jeune voisin.

— Fort peu, madame, et seulement pour m'être rencontré avec lui dans le monde.

— Vous connaissez notre jeune avocat du troisième ? avait demandé Croutmann à Berlingot, qui avait répondu :

— Je le connais... légèrement... C'est un avocat sans causes !... Je doute qu'il fasse jamais fortune dans sa profession... Entre nous, il n'a pas la moindre éloquence !... et un avocat sans éloquence, à mon avis, c'est une fontaine sans robinet !...

Mais une lettre est arrivée pour Henry Demarsay, une lettre sur laquelle on a écrit : « Pressée. » M. Joconde en est tout joyeux. Il regarde cette lettre, la tourne, la tâte, la flaire en murmurant :

— Ah ! c'est pressé !... Ah ! on t'écrit quelque chose qui presse, bel avocat !... chercheur de médecin... Eh bien, tu ne l'auras pas aujourd'hui, ta lettre... nous verrons demain... ça lui fera peut-être manquer son affaire ?... Tant mieux ! Cela lui apprendra à ne pas vouloir du docteur Sangsue ; un homme qui m'a dit : « Quand vous voudrez un remède, je suis toujours à votre disposition. » Ah ! je suis très-content !

Et le portier fourre la lettre dans sa poche et met son mouchoir par-dessus.

Le lendemain, en causant dans la cour avec Poussinet, le portier tire son mouchoir et fait tomber à terre la lettre qui était restée dans sa poche. Le vieux domestique la ramasse en disant :

— Vous gardez donc dans votre poche les lettres que vous recevez pour les locataires ?

— Ah ! je l'avais oubliée ! Mais ce n'est pas un grand mal, c'est pour le soi-disant avocat du troisième... qui fait venir des médecins inconnus dans la maison.

— Ce n'est pas une raison pour ne pas lui donner les lettres qui arrivent pour lui. Si M. Tourbillon savait cela...

— M. Tourbillon ne me gronderait pas ! vu qu'il protége aussi le docteur Sangsue, qui lui a annoncé que sous peu sa femme serait muette !

— Mais le voilà justement, M. Demarsay.

Grâce à Poussinet, Henry reçoit la lettre de son oncle, arrivée la veille. Mais il regarde le timbre et dit au portier :

— Vous avez cette lettre depuis hier ?

— Depuis hier... je ne m'en souviens pas.

— Pourquoi ne me l'avez-vous pas remise aussitôt que vous l'avez reçue ?

— Remise ! est-ce que vous croyez, monsieur, que je vais monter des étages à chaque lettre qui arrivera.

— Mais, hier, j'ai passé plusieurs fois devant votre loge, et vous pouviez bien alors me la donner ?

— Je pensais à autre chose apparemment ! Si monsieur croit qu'on n'a que ses lettres dans la tête !... quoique portier, on a des idées aussi !

— Ayez des idées tant qu'il vous plaira ! mais, avant tout, quand vous occupez un poste, remplissez-en les fonctions.

Henry ouvre vivement la lettre de son oncle et, sans même remonter chez lui, se hâte de se rendre chez Volenville, qui lui dit :

— Je vous aurais cru plus empressé de savoir ce que j'ai à vous apprendre...

— Si mon concierge m'avait remis votre lettre hier, vous m'auriez vu bien plus tôt. Enfin, me voici, mon oncle ; vous avez quelque chose à m'apprendre ?... Vous allez me donner des nouvelles de Mathilde ?

— Oui... je me suis trouvé il y a quelques jours en soirée avec son mari...

— Son mari... et vous le nommez ?

— Cramoisan. C'est le riche banquier Cramoisan, qui étale tant de luxe, a de si beaux chevaux et de si belles maîtresses !...

Le nom du mari de Mathilde a vivement frappé Henry, qui s'écrie :

— Cramoisan ! Comment, celui qui a épousé mademoiselle de Brillanval...

— Eh bien, oui, c'est le beau, le riche Cramoisan !

— Ah ! ce n'est pas possible, mon oncle !

— Et pourquoi ne serait-ce pas possible ? Que voyez-vous d'extraordinaire dans cette union ? Votre Mathilde n'avait pas le sou, mais ce monsieur en était tombé éperdument amoureux... Il était riche, on a fort bien accueilli sa demande.

— Il était riche ?...

— Peut-être pas autant alors qu'il paraît l'être aujourd'hui...

— Mais est-ce bien le Croimoisan dont le père était fabricant de rubans à Saint-Etienne ?

— Justement... et qui a eu, dit-on, une jeunesse un peu orageuse.

Henry ne répond rien, il réfléchit. Volenville continue : — Ce Cramoisan peut avoir maintenant quarante-huit ans environ, mais il est encore fort bien ! C'est un bel homme !... petit-maître, très-élégant, très-soigneux de sa personne...

— Et il est très-riche, dites-vous ?

— Mais on doit le croire d'après le train qu'il mène !... Il a toujours pour maîtresses les femmes les plus à la mode de Paris !

— Pour maîtresses ? Est-ce qu'il est déjà séparé d'avec sa femme ?

— Nullement !... Mais, en vérité, Henry, on croirait, à vous entendre parler, que vous ne connaissez pas le monde, et surtout le grand monde !... Ne savez-vous pas que, quoique mariés, ces messieurs du turf, du sport, des clubs de la haute fantaisie, ne se gênent point pour avoir des maîtresses auxquelles ils prodiguent des parures, des diamants, des équipages !...

— Et leurs femmes sont abandonnées alors ?

— Pas du tout ! d'abord une femme bien élevée ne s'occupe jamais de ce que fait son mari. Fi donc ! il faut laisser cela aux petites bourgeoises, qui se mettent dans la tête qu'un mari doit être fidèle. Ensuite, et cela se voit souvent, ces dames n'ont pas le droit d'adresser des reproches à leur époux, parce que, de leur côté, elles ont des intrigues qu'elles doivent soigneusement tenir secrètes.

— Et Mathilde ferait-elle comme son mari... aurait elle des intrigues ?

— On ne le dit pas. Si elle en a, elle a le talent de les bien cacher.

— Vous l'avez vue, mon oncle ? Est-elle toujours aussi belle, aussi ravissante qu'autrefois ?...

— Il m'est impossible de vous renseigner à ce sujet, car je n'ai pas vu cette dame. La réunion dans laquelle je me suis rencontré avec le banquier, était de celles où les maris ne mènent point leurs femmes... c'était chez la Sainte-Hermine : une camélia, passée un peu à l'état de pivoine, mais qui a le talent de rassembler chez elle les courtisanes les plus en vogue, et les hommes du meilleur monde. Aussi ses réunions sont-elles très-suivies.

— Avoir épousé Mathilde, et lui préférer des courtisanes.., c'est indigne !

— Mon neveu, vous me faites de la peine. Vous n'avez donc pas lu *La Fontaine ?* Vous avez donc oublié *le Pâté d'anguille ?*

— Vous direz ce que vous voudrez, mon oncle, mais un homme qui a une femme charmante et qui entretient publiquement des maîtresses, ne doit pas le rendre sa femme heureuse... et si je savais que Mathilde fût malheureuse avec ce Cramoisan...

— Eh bien ! que feriez-vous ? vous la lui enlèveriez ?... Reste à savoir si elle voudrait maintenant vous suivre et renoncer à cette vie de luxe, de fêtes, qu'elle mène... car son mari donne souvent des fêtes superbes. Reste à savoir, dis-je, si elle laisserait tout cela pour aller s'ensevelir dans la retraite d'un simple avocat.

— Vous vous trompez, je ne pense pas à enlever Mathilde à son mari, à ses devoirs.

— Mais vous venez de dire que vous ne voulez pas que cette femme, que vous avez tant aimée... que peut-être vous avez la faiblesse d'aimer encore, vous ne voulez pas que son mari la rende malheureuse !... D'abord, il faudrait savoir si elle se trouve malheureuse... parce que son mari ne lui est pas fidèle ?... Ce n'est pas probable ; car cette union n'a été pour elle qu'une affaire d'argent, puisque c'est vous qu'elle aimait. Ensuite, si vous ne voulez ni enlever cette dame, ni chercher à la faire manquer à ses devoirs... en imitant son mari... ce que le monde trouverait cependant tout naturel !... quels moyens emploieriez-vous donc pour obliger le banquier à changer de conduite, à ne plus entretenir des femmes galantes, à devenir sage enfin ?... Ah ! je vous devine, vous êtes brave, vous avez une tête exal-

tée !...Vous ferez en sorte de rencontrer ce Cramoisan, alors vous lui chercherez querelle, vous le provoquerez; vous vous battrez avec lui. Si vous le tuez, il est bien certain qu'il n'entretiendra plus de cocottes; mais si c'est lui qui vous tue... et cela pourrait bien arriver, comment et par qui votre Mathilde sera-t-elle protégée ?...

Henry, qui a écouté froidement Volenville, se borne à faire un léger mouvement de tête en répondant :

— Vous vous trompez toujours... non, je ne me battrai pas avec cet homme... je ne lui ferai pas cet honneur !

— Cet honneur ! diable ! mais vous devenez bien fier... Le banquier est fort considéré dans le monde !... On se trouve très-heureux d'être reçu à ses soirées, à ses fêtes ! C'est une faveur que d'y être invité... et personne que je sache, ne refuserait d'avoir un duel avec lui bien au contraire ; il y a des gens que cela poserait, que cela ferait arriver !... Vous avez beau dire, mon cher neveu, je suis certain, moi, que si votre père vous a si bien caché le nom de celui qui avait épousé votre belle, c'est qu'il voulait éviter qu'un duel ne fût le résultat de cette découverte.

— Vous vous trompez, monsieur, ce n'est pas ce motif qui a guidé mon père. Mais je devine bien maintenant pourquoi il me faisait un mystère du nom de cet homme...

— Il y a donc une autre raison ? Quelle est-elle ?

— C'est un secret entre mon père et moi, vous me permettrez de le garder.

Volenville fait un mouvement d'impatience en s'écriant :

— Allez au diable ! avec vos secrets, vos mystères et vos amours !... Je suis vraiment trop bon de m'être occupé de tout cela. Je vous ai dit ce que j'avais à vous apprendre sur votre Mathilde ; maintenant, faites ce qui vous plaira ! Tuez ou ne tuez pas le banquier, enlevez sa femme, menez-la en Cochinchine, je m'en lave les mains, et je n'en serai pas moins charmé d'aller aux soirées de son mari !

Henry salue bravement son oncle, et se lève en lui disant :

— Recevez mes remerciements pour ce que vous venez de m'apprendre... Cela est bien plus important que vous ne pouvez le croire.

— Tant mieux! vous savez que le mari de votre belle adorée entretient les plus jolies femmes de Paris? Si vous n'êtes point un sot, vous en profiterez !...

Henry se contente de froncer légèrement le sourcil, et quitte Volenville après l'avoir salué de nouveau.

III

LES ÉTRANGERS

Volenville a regardé son neveu s'éloigner en se disant :

« Il y a dans tout ceci un secret que je voudrais bien connaître, car quelque chose me dit que ce n'est point à l'avantage du banquier, et qu'il se trouve mêlé dans une fâcheuse affaire. Tout autre qu'Henry tirerait parti de cette circonstance pour faire chanter ce Cramoisan; mais mon neveu est trop niais! Il a une manière de

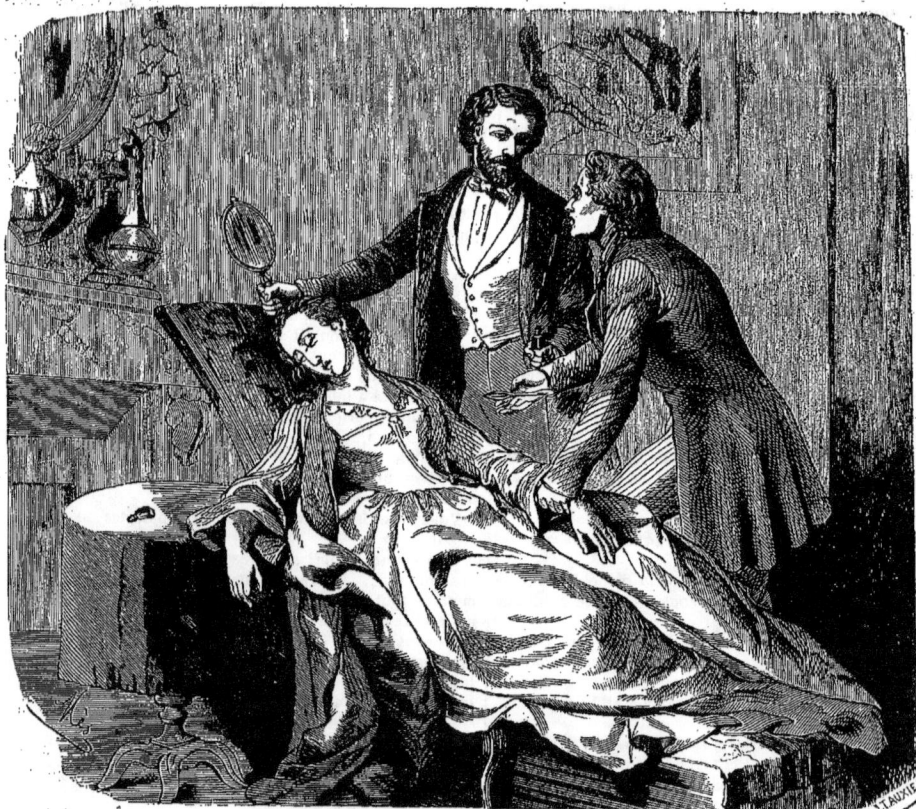

Il a procuré un médecin à la mère, médecin dont on a été fort satisfait. Page o.

voir trop sévère, pour profiter de ce que le hasard lui offre. N'importe ! il veut protéger sa belle Mathilde, cela va l'occuper : il verra moins les Croutmann. J'ai oublié de lui demander si son ami le comte Ladiscof était de retour !... Il est capable d'avoir oublié le jeune Russe... Il n'est que midi ; allons au café Anglais, j'y apprendrai peut-être de ses nouvelles. »

Volenville se rend au café Anglais, et, parmi les personnes qui déjeunent, il aperçoit celui dont il voulait s'informer. Le jeune Russe était avec deux beaux élégants, un Anglais et un Italien : l'Anglais, qui savait fort peu de français, parlait à peine, mais mangeait beaucoup ; l'Italien, qui possédait au contraire une parfaite connaissance de la langue et des modes de Paris, parlait presque constamment, et semblait vouloir mettre le jeune seigneur russe au fait des habitudes de la capitale.

Volenville cherche à se placer près de ces messieurs, puis se décide à aller sur-le-champ à son but ; saluant profondément le jeune comte, il lui dit de son air le plus aimable :

— Veuillez me permettre, monsieur, de vous offrir tous les compliments de quelqu'un qui espérait vous voir ici aujourd'hui, mais que des affaires imprévues ont empêché de s'y rendre... Je suis l'oncle de M. Henry Demarsay.

Aussitôt le comte Agénor se lève et fait un gracieux salut à Volenville.

— Vous êtes l'oncle de M. Henry Demarsay... Enchanté, monsieur, d'avoir le plaisir de faire votre connaissance! Est-ce que monsieur votre neveu ne va pas venir vous retrouver?

— Non, monsieur, des affaires l'en empêchent; c'est pourquoi, sachant que je venais ici, il m'a chargé de le rappeler à votre souvenir...

— Monsieur, ne nous ferez-vous pas l'honneur d'accepter une place à notre table? Nous commencions seulement à déjeuner... Soyez assez bon pour être des nôtres...

— Monsieur le comte, votre offre est trop aimable... Mais, en vérité, je ne sais si je dois... Je n'ai pas l'avantage d'être connu de vous...

— Vous êtes l'oncle d'Henry Demarsay, un jeune homme que j'aime et que j'estime beaucoup. En Russie, il était aimé de tout le monde; jamais Français n'y fut plus sympathique; c'est donc une parfaite recommandation que d'être son parent. Seulement, ne me connaissant pas, monsieur, je me permettrai de vous demander qui m'a fait sur-le-champ connaître à vous?

— Monsieur le comte, j'avais déjà eu le plaisir de vous voir, il y a deux mois environ; vous dîniez au Palais-Royal, aux Frères Provençaux: c'est même là que vous avez revu mon neveu, que vous ne saviez pas être à Paris. Eh bien, je dînais avec Henry et, comme il avait causé avec vous, je me suis permis de lui demander quelques renseignements sur vous...

— Ah! oui, en effet, au Palais-Royal, je me rappelle; c'était avant mon départ pour l'Angleterre... Garçon! un couvert pour monsieur?

Volenville se place à la table des trois étrangers. L'Anglais le salue gravement; l'Italien lui adresse un charmant sourire; et le jeune Russe lui verse sur-le-champ du champagne, boisson que ces messieurs buvaient pour leur ordinaire.

Après avoir porté quelques toasts, Volenville qui est en fonds d'esprit et d'anecdotes, se permet de succéder à l'Italien, qui se bornait à passer en revue les bons restaurants de Paris, les pièces de théâtre et les bals publics.

L'homme d'affaires connaît le côté faible du sexe soi-disant fort; il sait que c'est toujours avec ou par les femmes que l'on prend les jeunes gens, et même les galants sur le retour. Il choisit donc ce sujet de conversation :

— Vous arrivez d'Angleterre, monsieur de Ladiscof?

— Oui, j'y suis resté plus longtemps que je n'en avais d'abord l'intention.

— Ah! c'est que vous y aurez formé quelque liaison avec une belle Anglaise...

— Justement; c'est-à-dire ce n'est pas avec une, c'est avec deux belles Anglaises que j'ai fait connaissance.

— Cela n'en est que plus piquant, et ces dames ne voulaient plus vous laisser partir... Je le conçois!...

— Oui, mais, moi, je voulais revenir... Et je ne savais comment échapper à ces dames qui me surveillaient toujours.

— Est-ce qu'elles s'entendaient pour cela?

— Très-bien! Elles avaient parié entre elles à qui je resterais.... J'étais fort embarrassé; heureusement, voilà sir Chesterfield qui m'a tiré d'affaire.

— Par quel moyen?

— Il m'a tué!

— Il vous a tué?

— Oui, n'est-ce pas, Chesterfield? vous avez dit à Anna et à Lucida, que vous m'aviez tué en duel?

— *Aôh!... yes... aôh!... I have to kill, you are death...*

— C'est très-ingénieux! et ces dames ont cru cela?...

— Elles ont pris le deuil, et moi le paquebot.

— Les Anglaises sont superstitieuses, dit l'Italien; si, dans quelque temps, vous retourniez en Angleterre, ces dames vous prendraient pour un vampire.

— Oh! je n'ai pas envie de retourner dans ce pays. Paris, voilà où je veux me fixer. Je n'y suis de retour que depuis quelques jours, eh bien! croiriez-vous, monsieur... monsieur de Volenville, que je suis déjà amoureux?...

— Je ne vois à cela rien d'étonnant. A votre âge, on doit toujours être amoureux, et quand on ne l'est que d'une seule femme, cela s'appelle être sage...

— Ah! très-bien! voilà une doctrine que j'aime! Entendez-vous, Chesterfield? Monsieur assure qu'à mon âge, n'être amoureux que d'une femme, c'est être raisonnable...

L'Anglais se borne à faire de la tête un signe négatif, et regarde le garçon en criant :

— Porto! porto!...

Le garçon court chercher une carafe qu'il pose devant l'Anglais, qui, à la vue de la carafe, frappe avec colère sur la table, en répétant : — Porto! goddem!... *You are stupide!...* Je disais : Porto!.. *you give my water!...*

— Je crois comprendre que milord veut du vin de Porto, dit Volenville au garçon, et non pas une carafe.

— Oui, oui, dit le jeune Russe en riant beaucoup de la méprise. Calmez-vous, mon pauvre Chesterfield; mais aussi vous ne voulez pas assez étudier la langue française, et vous voyez à quoi cela vous expose? Dernièrement vous vouliez déjeuner d'une côtelette de mouton. N'ayant jamais pu dire le mot côtelette, vous avez demandé un os de mouton. Figurez-vous, messieurs, qu'on lui a servi un gigot tout entier; et Chesterfield l'a mangé, tout en trouvant que nos moutons avaient de bien grosses côtelettes. Le plus piquant de l'aventure, c'est que dans la journée il conte à des amis qu'il a très-copieusement déjeuné d'une seule côtelette de mouton, et, l'un de ceux qui l'écoutaient s'écrie : « C'est bien peu! moi, j'en mange volontiers quatre à mon déjeuner. — Quatre! dit Chesterfield, c'est impossible, je parie cent napoléons que vous n'en mangerez pas quatre dans un repas! » Le pari est accepté, tenu. On se rend le lendemain dans le restaurant où Chesterfield avait déjeuné la veille. Son antagoniste demande quatre côtelettes de mouton et les mange avec appétit, tandis que mon pauvre ami apprend que la veille il a mangé tout un gigot! Et il a perdu son pari...

— Quand on voyage, dit l'Italien, la chose la plus essentielle à apprendre, c'est ce qui concerne le boire et le manger...

— Et la manière de plaire aux dames, reprend Ladiscof.

— Oh! pour celle-là, elle est à peu près la même

partout; et, d'ailleurs, avec les femmes, la pantomime est d'un grand secours... Elles comprennent fort vite le langage des yeux.

— Et vous nous disiez, monsieur le comte, que, depuis votre retour à Paris, vous avez déjà donné votre cœur à une dame?...

— Je l'ai donné, oui; mais on ne l'a pas encore pris. C'est à l'Opéra, il y a peu de jours; j'y ai vu une femme dont le minois gracieux, spirituel, m'a séduit... Dans l'entr'acte, elle sort un moment au bras de son cavalier... Oh! alors, j'admire une taille de nymphe... et un pied!... Oh! mais un pied ravissant!... J'adore ces pieds-là; et je gagerais bien que la jambe doit être digne du pied! ce serait une erreur de la nature s'il en était autrement. Un gentleman, avec qui je me trouvais, me voyant admirer cette personne, me dit: « C'est la nouvelle divinité à la mode... c'est madame Astrakan!... — Oh! diable! m'écriai-je, est-ce qu'elle serait Russe aussi?... — Non, me dit-il, c'est une Française... Je ne sais pas au juste d'où elle vient, mais ce nom d'Astrakan est un pseudonyme qu'elle s'est donné, parce qu'elle se nommait peut-être Jeanneton, Toinette ou Margot, et que cela aurait mal sonné aux oreilles des jeunes gens du beau monde... »

— Madame Astrakan! j'en ai déjà entendu parler... Et... elle est donc bien jolie?

— Pas extrêmement jolie peut-être, mais une figure piquante, spirituelle; de ces figures qui vous séduisent sur-le-champ, ou qui ne vous plairont jamais... Mais c'est surtout le pied, la taille..., oh! tout cela est divin!

— Et jeune?

— Toute jeune! Je gagerais que cette femme-là n'a que vingt ans.

— C'est singulier! Le portrait que vous en faites, monsieur le comte, me rappelle une jeune fille qui arrivait de son pays, il y a trois mois environ, et venait à Paris chercher à se placer. Elle avait aussi un pied et une jambe admirables...

— Et qu'est-elle devenue, votre jeune fille?

— Ma foi, je n'en sais rien!... Je lui avais donné quelques conseils... Mais c'était une assez mauvaise tête, elle n'a pas voulu m'écouter; j'ignore ce qu'elle est devenue. Revenons à votre dame à la mode: vous n'avez pas sur elle d'autres renseignements?

— Le monsieur qui m'en parlait ajouta: « Elle était la maîtresse de lord Rigfort, un Anglais extrêmement riche; mais il vient de partir pour les Indes. Il voulait y emmener sa belle, elle a refusé de l'accompagner si loin. Il lui a laissé un petit hôtel fort gentil, et maintenant elle est avec le jeune Arthur de Grainwal, que vous voyez avec elle... »

— Arthur de Grainwal! dit Volenville; oh! mais je le connais beaucoup... C'est un charmant garçon!... Un viveur! un joueur déterminé!...

— Vous le connaissez?... Mais alors vous devez connaître madame Astrakan, sa maîtresse.

— Non; d'abord il y a près d'un mois que je ne me suis trouvé avec Arthur et alors il ne connaissait pas encore cette dame...

— Et votre neveu, Henry Demarsay, connaît-il aussi ce monsieur de Grainwal?

— Oh! non... Tenez, monsieur le comte, je vais vous parler avec franchise: il y a, entre mon neveu et moi, une énorme différence dans la manière de vivre,

de penser, d'agir. Mon neveu est un véritable Caton!... Il n'a aucun des défauts ou plutôt des penchants de son âge... car je ne trouve pas que ce soient des défauts: il ne pense ni aux femmes, ni au jeu, ni à la table! Moi, je dois vous avouer que j'ai conservé tous les goûts, toutes les passions de ma jeunesse... Le plaisir, voilà mon idole!... Je dis comme Jean-Jacques: *Il faut être heureux, cher Émile, c'est le premier besoin de l'homme!...* et, ma foi! je me conduis en conséquence.

— Oh! bravo!... oh! vous parlez bien... Je suis charmé d'avoir fait votre connaissance!... Oui, en effet, votre neveu, c'était son seul défaut; mais, en Russie, il refusait souvent de prendre part à nos festins, à nos folies... Dites-moi, monsieur de Volenville, est-ce que vous pourriez me faire faire la connaissance de ce jeune Arthur!... Si c'est un viveur, un joueur, je serai son homme! J'aime le jeu presque autant que les femmes...

— Oh! ce sera très-facile... Je vais aller voir Grainwal, je saurai quand il donne une soirée, un punch; je le préviendrai que j'ai un jeune seigneur russe à lui amener; il sera enchanté... il me remerciera...

— Et si sa maîtresse pouvait se trouver à cette réunion...

— Il est bien probable qu'elle y viendra! D'abord, Arthur n'est pas jaloux et, lorsqu'il a une jolie maîtresse, il est bien aise d'en tirer vanité.

— Que vous êtes obligeant, cher monsieur! et que nous sommes heureux, nous autres étrangers, de rencontrer des personnes qui veulent bien nous piloter dans ce monde parisien que nous ne connaissons pas.

— Monsieur le comte, je me mets tout entier à votre service... disposez de moi; je suis très-répandu dans les plus belles sociétés de Paris, et je me ferai un véritable plaisir de vous y présenter.

Pendant cet entretien, l'Anglais continuait de manger et l'Italien de chercher sur la carte un vin qu'il ne connût pas encore, s'étant promis de faire connaissance avec tous.

Le déjeuner se prolonge assez longtemps, mais Volenville se rappelle qu'il a affaire à la maison Perdaillon et Cⁱᵉ. Il prend congé du jeune Agénor Ladiscof, après lui avoir promis d'aller, le surlendemain, le voir au Grand-Hôtel, entre dix et onze heures du matin.

IV

BERLINGOT DONNE SON DÉJEUNER

Le jour est arrivé du fameux déjeuner qui doit se donner dans la maison de banque Perdaillon-Berlingot et Cⁱᵉ. La famille Croutmann avait promis depuis longtemps de ne point manquer de se rendre à l'invitation qui avait tant tardé. Le brave Alsacien, qui avait fort bien remarqué les petits soins et les galanteries que Berlingot employait près de sa fille, et en devinait le motif, n'était point fâché de connaître un peu l'intérieur de ce jeune homme, de pouvoir juger par lui même de sa position, enfin de se renseigner sur cette maison de banque, dont Berlingot se disait l'associé; car on n'accorde pas légèrement la main d'une demo selle qui reçoit en dot trois cent mille francs, écus. Sur ce sujet, d'ailleurs, on se réservait de consulter celle que cela regardait principalement; les parents de Ketly aimaient trop leur fille pour avoir jamais l'intention de la marier à quelqu'un qui ne lui plairait pas. Mais Berlingot était jeune, joli garçon, constamment mis à la dernière mode; il tâchait toujours d'être aimable; il avait dans les manières, dans le langage, cet entrain, ce babil, cette assurance qui séduit souvent les femmes, et leur fait parfois croire qu'elles ont affaire à un aigle, lorsqu'elles n'entendent qu'un perroquet. C'est pourquoi M. et madame Croutmann pouvaient supposer que leur fille Ketly ne serait point insensible aux hommages du soi-disant banquier.

Leur voisin, Henry Demarsy, causait bien aussi quelquefois avec Ketly, mais quelle différence! Le jeune avocat toujours froid, sérieux, écoutait parler la jolie demoiselle bien plus qu'il ne lui parlait. Près d'elle, toujours respectueux et obligeant, il ne se permettait jamais de lui dire la moindre fadeur: il ne savait pas faire de compliments, il ne se serait pas permis, tout en causant, de prendre un seul moment la main de la jeune fille. Celle-ci n'avait donc aucune raison pour penser à lui. Voilà ce que se disaient le papa et la maman; mais les parents oublient toujours que le cœur d'une femme fait bon marché de toutes ces considérations, et qu'il est au contraire dans sa nature de vouloir atteindre la branche qui ne penche pas de son côté.

Un fort beau repas a été commandé chez Potel et Chabot. L'appartement et le bureau ont été soigneusement inspectés; on s'est assuré que rien ne manquerait de ce qui pouvait donner une idée avantageuse de la maison Perdaillon et Cie. Les pièces principales de l'appartement, — le salon et la salle à manger, — avaient été meublées avec goût, avec élégance; le salon était resplendissant: les peintures, les dorures, les lustres, les fleurs y étaient prodigués et, dans la salle à manger, des étagères établies dans chaque encoignure étaient surchargées de porcelaines et de bouteilles; ces dernières se présentaient sous toutes les formes, ce qui, naturellement, promettait une grande variété de vins.

Dans les bureaux, on avait habillé de neuf les deux commis ainsi que le petit groom, auquel on avait expressément défendu de jouer aux billes. Pour le service, on avait loué deux valets, auxquels on avait donné pour chef Fricandeau. Il était assez naturel que Volenville l'eût prêté à son ami pour aider le service.

Croquet, comme caissier, était du repas. Il avait ses moustaches naturelles et un assez gros bouton qui lui était venu sur le nez; mais Berlingot trouvait que, loin de lui nuire, cela lui donnait un air plus distingué. Comme il fallait encore du monde, pour engager le soir quelque partie, Berlingot avait recruté dans ceux de ses intimes qui avaient l'air le plus comme il faut, et il avait fixé son choix sur messieurs Déméloir et Vernouillet. M. Déméloir était un grand homme de cinquante ans, sec, jaune, anguleux, qui avait la prétention d'être poëte et d'improviser des vers sur tous les sujets. Il travaillait depuis vingt ans à une comédie, qu'il ne voulait achever que lorsqu'il aurait trouvé un dénouement d'un effet entièrement neuf. Vernouillet était un gros compère, bien rougeaud, bien gai,

dont les petits yeux brillaient, étincelaient à la vue d'une table bien servie; qui approuvait tout, qui était constamment de votre avis, qui riait pour le moindre mot, et contait drôlement lorsqu'il voulait bien se donner la peine de raconter; mais qui, à table, ne laissait échapper que des éclats de rire ou des monosyllabes, parce qu'il ne voulait pas perdre un coup de dent.

M. Déméloir se donnait pour homme de lettres, Vernouillet pour financier, négociant, courtier au besoin. Ces messieurs sont en grande tenue. Le poëte tout en noir, avec la cravate blanche, ce qui fait qu'on peut le prendre aussi pour un notaire. Vernouillet a une toilette moins sévère, mais il est mis à la mode. Ce serait un élégant, s'il n'avait pas le visage si rouge, si bourgeonné. Croquet s'est fait superbe, et il caresse avec orgueil ses moustaches qui commencent à friser du bout.

Le déjeuner a été fixé pour une heure. Berlingot, qui se pavane dans son appartement, a les yeux fixés sur la pendule placée dans le salon. Volenville n'est pas encore arrivé; mais, pour ces messieurs, lorsqu'on dit: « On déjeunera à une heure, » cela signifie que tout le monde aura été exact si à deux heures on se met à table.

Cette mode, adoptée à Paris, ne l'est pas encore en province. Pour le papa Croutmann, on doit être exact et ne point accorder de quart d'heure de grâce lorsqu'il s'agit d'un repas. Ainsi la pendule allait sonner l'heure convenue pour le déjeuner, lorsqu'une voiture s'arrête devant la porte cochère et la famille Croutmann en descend.

— Ah! fichtre! voilà une belle maison! dit M. Croutmann en passant devant le concierge. Vois donc, Gotlieb, cet escalier, cette rampe dorée!... Ces statues dans des niches!...

— Oh! oui, Werther, c'est superbe, ici! N'est-ce pas Ketly?

Mais Ketly regarde tout cela d'un air assez indifférent. Ce déjeuner chez M. Berlingot ne lui plaisait pas du tout, car la jeune fille s'était aussi fort bien aperçue que ce beau monsieur lui faisait la cour, et, comme elle n'avait aucune envie d'accueillir sa recherche, elle était fâchée que ses parents fussent si émerveillés de sa demeure.

— Nous allons chez messieurs Perdaillon et Berlingot! dit Croutmann au concierge, qui s'empresse alors de sortir de sa loge, et court au bas de l'escalier crier:

— Athanase! Attention, petit!... du monde pour chez M. Berlingot.

Presque aussitôt on entend la voix du petit groom, qui crie de toutes ses forces, et sur un ton de fausset qui perce les oreilles:

— Entrez! entrez! messieurs, mesdames!... C'est ici!... c'est ici!... c'est ici!...

— Comment! est-ce que ce seraient déjà les Croutmann? dit Berlingot en sortant précipitamment de son salon; tandis que Croquet, qui avait commencé une partie de bézigue avec Vernouillet, jette les cartes de côté. Mais Vernouillet les ramasse en criant:

— J'ai le cinq cents, mon cher ami, et je n'entends pas que la partie soit nulle... Ah! ah! il est charmant, le caissier, il brouille les cartes quand il perd!... Connue, celle-là!... on ne fait pas ça entre nous!

Tout en maudissant la trop grande exactitude de ses convives, qui arrivent bien avant le déjeuner, Berlingot s'empresse d'aller les recevoir. Il offre sa main aux dames ; la maman accepte, mais Ketly reste au bras de son père.

— Ah ! que vous êtes aimables de venir de bonne heure ! dit Berlingot, en introduisant la société dans son appartement.

— De bonne heure ? dit Croutmann, mais nous ne sommes qu'exacts... voilà une heure qui sonne, et vous nous avez dit : « Nous déjeunerons à une heure ! »

— Oui, oui, c'est vrai ; mais, vous savez... on a toujours le quart d'heure de grâce...

— Est-ce que tout votre monde n'est pas arrivé ?...

— Si... à peu près, excepté un ami intime que je tiens beaucoup à vous présenter. Mais entrez donc dans le salon.

— Bigre ! vous êtes fièrement bien logé !...

— O le beau salon ! s'écrie Gotlieb, comme cela est bien décoré !... comme tout cela est frais !... élégant !... En vérité, monsieur Berlingot, vous êtes logé comme un prince. Regarde donc, Ketly, ces chinoiseries... ces jolies fleurs !

— Oui, cela sent très-bon, dit froidement Ketly.

— Mesdames, débarrassez-vous de vos pardessus, de vos châles... faites comme chez vous... et permettez-moi de vous présenter deux de mes amis : M. Déméloir, homme de lettres, et M. Vernouillet, homme de... homme de bourse ; puis enfin M. Croquet, mon caissier, qui a un intérêt dans la maison.

Ces messieurs vont saluer les dames. M. Déméloir commence un compliment en vers, mais, comme la rime ne lui vient pas, il se décide à le finir en prose. Vernouillet se contente de rire en regardant le papa, de sourire en regardant la maman, puis enfin de cligner de l'œil en saluant la fille. Quant à Croquet, très-vexé d'avoir un bouton sur le nez, il se tient à l'écart et ne salue que de loin.

— Mais, dit Croutmann, où donc est votre principal associé, M. Perdaillon ?... Celui dont le nom est en tête de votre maison de banque ?

— Eh ! mon Dieu ! il est en voyage, à Marseille, en ce moment ; et il n'est pas certain qu'il ne pousse pas jusqu'en Italie... Nous avons de grosses opérations entamées avec des négociants de Naples, de Rome. J'avais écrit à Perdaillon pour le prévenir que j'avais l'avantage de vous recevoir aujourd'hui, et lui demander s'il ne pourrait pas prendre un train express pour être des nôtres ; il m'a répondu que cela était impossible, en me chargeant de vous témoigner tous ses regrets.

— Oh ! les affaires avant les plaisirs ! dit Croutmann, c'est fort bien cela, et c'est en se conduisant ainsi qu'on fait de bonnes maisons. Mais, faute d'un moine, on déjeune tout de même, n'est-ce pas ?

— Oui, oui. Ah ! voilà de Volenville.

L'homme d'affaires se présente avec sa figure riante, aimable ; il s'excuse de s'être fait attendre et trouve moyen d'adresser sur-le-champ des compliments aux dames et de dire des choses obligeantes au riche Alsacien. Grâce à lui, la conversation s'anime, s'égaye, devient générale ; excepté pour M. Déméloir, qui cherche toujours une rime qui ne vient pas. Mais l'esprit et les mots heureux dont Volenville sème sa conversation ne font point oublier à Croutmann le déjeuner, et il s'écrie bientôt :

— C'est gentil, de causer, mais ça n'emplit pas le ventre, mon cher monsieur Berlingot ; l'heure du déjeuner est passée depuis vingt minutes, pourquoi donc ne nous mettons-nous pas à table ? Est-ce que vous attendez encore du monde ?...

— Non, je n'attends plus de convives ; mais, s'il faut vous l'avouer, monsieur Croutmann, c'est le déjeuner que j'attends à présent, et qui est un peu en retard...

— Le déjeuner ?...

— Sans doute. Vous concevez bien qu'un garçon ne fait pas faire la cuisine chez lui... D'ailleurs, où je l'ai commandé, je suis sûr que le repas sera bon... mais je n'avais pas dit pour une heure bien précise...

— Diable ? c'est fâcheux, je comprends que nous ne pouvons pas nous mettre à table s'il n'y a rien dessus.

— Si vous nous donniez un verre de madère en attendant ? dit Vernouillet, cela nous ferait prendre patience.

— Très-bien pensé ! dit Croutmann, le verre de madère arrivera à propos.

Berlingot n'avait chez lui aucune provision. Mais heureusement, avant le menu pour le déjeuner, le traiteur avait envoyé tous les vins qu'on lui avait demandés. Sur un signe de son maître, Fricandeau apporte un plateau, des verres et plusieurs bouteilles.

— Où est le madère ? demande Berlingot.

— Je ne sais pas, monsieur, je n'ai pas encore goûté à ces bouteilles-là...

— C'est heureux...

— Je vais vous déguster cela, moi ! dit Vernouillet, en courant prendre une bouteille. Sur le chapitre des vins, je suis de première force.

Et, se versant dans un verre, il le vide aussitôt, puis secoue la tête en disant :

— C'est bon, mais ce n'est pas cela !... passons à une autre.

Le monsieur rougeaud débouche une autre bouteille, emplit de nouveau son verre, le vide, et :

— C'est fort bon... mais ce n'est pas encore cela !... Passons à une autre. Et ce monsieur débouche une troisième bouteille.

— Est-ce que cela va durer longtemps comme cela ? dit Croutmann. Si nous goûtions tous, il me semble que ce serait plus réconfortant.

Au moment où l'on va adopter cette proposition, le petit groom s'élance dans le salon, en s'écriant :

— Voilà le fricot... il est arrivé.

Volenville fait un geste de dépit, mais Berlingot se hâte de dire :

— Mesdames et messieurs, excusez le langage de mon petit groom... c'est un Auvergnat, on n'a pas encore eu le temps de lui apprendre à bien s'exprimer.

— Oh ! moi, je trouve son langage excellent, dit Croutmann, puisqu'il nous annonce le déjeuner... je pense que rien ne nous arrête, cette fois ?

— Non, non, à table... Mesdames, permettez-moi de vous conduire.

Berlingot a présenté ses deux mains aux dames, la maman et sa fille sont conduites par lui dans la salle à manger ; il les fait placer, et, naturellement, se met entre elles deux. Puis Volenville s'assied à côté de la mère. Le papa, assis en face du maître de la maison, a d'un côté Vernouillet et de l'autre le poète Déméloir ; quant à Croquet, comme il a souvent besoin de se lever pour surveiller le service, il se met près de la porte.

Le repas est friand, recherché, bien servi, les vins sont excellents : M. Vernouillet n'est plus seul à les goûter, Croutmann tient à lui prouver qu'il est aussi bon dégustateur que lui. Berlingot est aux petits soins pour la jolie Ketly, qui mange peu et ne boit guère. En revanche, la tendre Gotlieb fait honneur au repas et se montre très-flattée des attentions que Volenville a pour elle. C'est encore Volenville qui soutient la conversation et tâche de mettre de l'entrain dans la réunion ; car Berlingot, tout occupé de Ketly, lui glisse à chaque instant à l'oreille des petits mots brûlants dont il attend en vain l'effet ; Vernouillet ne pense qu'à se remplir la panse, et Croquet à tâter son bouton pour s'assurer s'il ne grossit pas. Mais, tout à coup, M. Déméloir, que plusieurs verres de chambertin ont inspiré, se lève à demi et s'écrie, en élevant son verre :

> Je bois, que chacun se le dise,
> Aux hôtes de cette maison.
> Ma foi, tant pis si je me grise !
> Vive la maison Perdaillon !

Tous les hommes crient bravo, Vernouillet manque d'étouffer à force de rire ; Volenville applaudit plus fort que les autres, en se mordant les lèvres.

— Ce sont, je crois, des vers? dit madame Croutmann.

— Oui, belle dame, ce sont des vers ; au premier abord, ça n'en a pas l'air, mais M. Déméloir fait ses vers si facilement qu'on les prend souvent pour de la prose.

— J'espère en faire d'autres, au dessert, en l'honneur de ces dames.

— Nous y comptons bien, cher poète, le sujet vous inspirera.

Un bruit de voix qui se fait entendre dans la pièce d'entrée attire l'attention des convives, et surtout des deux associés, qui ont cru reconnaître celle de quelqu'un dont l'arrivée leur ferait grand plaisir. Ils ne se sont pas trompés, car la porte de la salle à manger s'ouvre... et c'est Robillot qui paraît.

— Eh ! c'est ce cher Robillot ! dit Berlingot.

— C'est notre cher ami Robillot, s'écrie à son tour Volenville.

— Mais entrez donc, vous êtes toujours le bienvenu... pas de cérémonie, ne restez pas ainsi contre la porte !

— Oh ! mais une minute, répond Robillot, c'est que je ne suis pas seul, cette fois... c'est que j'amène quelqu'un qui fait bien des façons pour entrer !...

— Est-ce qu'il aurait retrouvé son chien ! murmure Croquet.

Ce n'est pas un chien, c'est sa femme que cette fois le campagnard amène avec lui ; car Thérèse a tenu bon. Elle n'a pas voulu que son mari revînt à Paris sans elle, et, quoique cela dérange beaucoup les projets de celui-ci, il a bien été forcé de céder à la volonté de sa femme.

L'ancien marchand de fromages retourne dans la pièce d'entrée en criant :

— Mais viens donc, Thérèse on ne te mangera pas ! Je t'ai déjà dit que mes banquiers étaient de bons enfants, tout ronds, pas fiers du tout... et nous arrivons joliment bien, ils sont à table !...

Enfin Thérèse se décide à entrer. Madame Robillot est tout à fait le type des femmes de la campagne lorsqu'elles sont endimanchées et qu'elles ont mis leur plus belle robe, avec des collerettes, des fichus et des châles qui les engoncent et leur laissent à peine la faculté de tourner la tête. Pour coiffure, cette dame a un petit chapeau de paille qui doit bien lui servir depuis plusieurs années, mais qui ne s'use pas, parce qu'on ne le met que les jours de fête ou dans les grandes occasions. Quant au physique, il répond à la toilette : les femmes de la campagne ont de bonne heure le teint bistré et la peau ridée ; Thérèse, qui avait un an de plus que son mari et paraissait beaucoup plus âgée, avait pu être passable à vingt ans, mais maintenant elle avait l'air d'être en bois ou en pain d'épice.

Berlingot s'est levé pour aller au-devant de la campagnarde, qui ne fait point un pas sans faire une révérence, salue aussi les domestiques et se fait tirer pour approcher de la table ; cependant, la vue de madame Croutmann et de sa fille semble lui donner de la confiance, elle regarde son mari en balbutiant :

— Tiens, il y a des dames !...

— Eh ben ! oui, il y a des dames... Ah ! ça te rassure, ça !...

— Madame, dit Berlingot, lors même qu'il n'y en aurait pas, je vous prie de croire que vous seriez parfaitement en sûreté ici...

— Mais oui, mais ne faites donc pas attention... elle est peureuse comme un lièvre, mais après, elle s'apprivoise comme un pierrot ! Tout à l'heure elle vous mangera dans la main... Ah çà ! nous arrivons bien, vous dinez, et nous n'avons pas encore dîné, nous autres !... Je m'invite, moi et ma femme... ça vous va-t-il?

— C'est-à-dire, mon cher monsieur, que vous ne pouviez pas arriver plus à propos ! Vous nous faites le plus vif plaisir... nous ne dinons pas, nous déjeunons. Mais cela ne fait rien, je suis seulement fâché que vous arriviez un peu tard... nous sommes déjà à peu près à la moitié de notre repas...

— Oh ! c'est égal, nous vous aurons bientôt rattrapés : Thérèse mange comme un loup, et, moi, je ne vais pas mal...

— Madame, veuillez vous mettre ici...

— Et vous, Robillot, près de moi, dit Volenville en faisant une place à sa gauche pour le nouveau venu. Tandis que s'adressant aux Croutmann, qui regardent avec intérêt le couple qui vient d'arriver, Berlingot dit avec emphase :

— Monsieur Croutmann, permettez-moi de vous présenter M. Robillot, ancien négociant de Meaux, dont nous soignons ici les intérêts et faisons valoir les fonds... et qui, je crois, nous fait encore aujourd'hui un nouveau versement...

— Oui ! oui !... Oh ! les noyaux sont là ! s'écrie Robillot en frappant sur sa poche de côté. Oh ! cette fois, j'ai dit à Thérèse : « Nous avons encore cent mille francs pour nos banquiers... ils comptent dessus... ils nous payeront sur-le-champ le trimestre des intérêts... nous rigolerons un peu à Paris, je te mènerai voir l'Exposition... je n'achèterai plus de chien, parce que c'est trop cher; mais tu pourras t'acheter un petit couteau ou des chaussettes pour moi. Et puis, tu repartiras, parce qu'il ne faut pas que la maison reste longtemps seule... elle s'ennuierait, cette pauvre maison... moi, je resterai plus longtemps à Paris pour toucher nos autres trimestres et prendre l'habitude des affaires. » Ce qui fut dit, fut fait... et nous voilà... Mais dans toute la société, je ne vois pas le banquier en chef, l'ami Perdaillon; où donc est-il, ce bel homme..... car on peut dire que c'est un bel homme ! J'avais dit à Thérèse : — Tu vas voir notre banquier, c'est un véritable tambour-major, il ne lui manque que la canne; s'il avait la canne, il pourrait briller devant tous les tapins de Paris !

— Mon associé est en voyage, dit Berlingot, et votre présence ici ajoutera encore à ses regrets. Je propose de boire à sa santé !

— Ah ! oui, buvons à sa santé !... Thérèse, il faut boire à la santé de Perdaillon... Ah ! il est fameux, ce vin-là ! nous n'en buvons pas comme cela à Meaux... Ne mange pas si vite, Thérèse, tu vas te faire mal...

— Donnez-vous le temps, madame, rien ne vous presse, dit Volenville ; quand on est bien à table, il faut y rester longtemps.

— Ah ! comme il parle bien, mon homme d'affaires... C'est que Thérèse tient à vous rattuper ! Ah ! voilà notre caissier, je ne l'avais pas vu en entrant. Bonjour, cher ami ; qu'est-ce qui vous est donc poussé sur le nez ?...

— Je n'en sais rien... Je crains que ce ne soit un clou...

— Si c'est un clou, Thérèse vous donnera un remède pour le guérir. C'est une vraie médecine, que ma femme; elle sait un tas de choses pour guérir les maladies... elle n'est pas si bête qu'on pourrait le croire ! Mais ne mange donc pas si vite, Thérèse ! Regardez-la donc... Ne dirait-on pas qu'on va lui voler son assiette?..... Bois donc, au moins, car tu t'étoufferas...

Thérèse, qui n'avait pas encore parlé, se décide enfin à suspendre un moment son occupation, pour dire à son mari :

— Nicodème, je te prie de me laisser manger tranquillement!...

— Ah ! vous vous appelez Nicodème ? dit Vernouillet en offrant à boire à Robillot.

— Oui, monsieur, pour vous servir...

— Il y a un de vos ancêtres qui a été dans la lune !

— Dans la lune !... je n'en ai jamais entendu parler.

— Mon cher Robillot, n'écoutez pas notre ami Vernouillet, qui ne sait que plaisanter... mais félicitez-vous de vous trouver avec monsieur Croutmann et son aimable famille, que nous recevons ici aujourd'hui pour la première fois, et qui, je l'espère; se fixera à Paris. Je porte un toast à la santé de ces dames.

— Ah ! buvons ; pour ce qui est de boire je suis toujours là... Thérèse, entends-tu ? on porte un toast !..

— Laisse-moi dîner, Nicodème.

On porte de fréquentes santés ; le champagne frappé plaît beaucoup à Croutmann, et la vue du couple Robillot ne fait qu'augmenter la confiance qu'il avait en Berlingot. De leur côté, les deux Alsaciennes tâchent de mettre à son aise la campagnarde, qui, lorsqu'elle commence à se rassasier, échange enfin quelques paroles avec la maman de Ketly. Les entremets, puis le dessert, qui est très-recherché, ont fait prolonger le repas. La société y a mis aussi de la complaisance, afin que le couple que l'on n'attendait pas puisse rattraper les premiers servis. Ce long séjour à table n'amusait pas Ketly, et les fadeurs que Berlingot trouvait encore moyen de lui débiter augmentaient son ennui.

Il est sept heures passées lorsqu'on passe enfin au salon pour prendre le café et les liqueurs. Robillot, sans être absolument gris, a une pointe très-prononcée. Les deux associés, qui ne veulent pas qu'il s'en aille sans leur avoir laissé ses fonds, saisissent ce moment du passage au salon pour emmener le campagnard dans les bureaux. Ils ouvrent le treillage qui sépare de la caisse, et poussent Robillot devant eux, en lui disant :

— Terminons tout de suite les affaires, afin de ne plus avoir à songer qu'aux plaisirs... Faites-nous votre versement, cher ami !

— Vous avez raison... Terminons les affaires ! J'aime mieux cela aussi... Ce gros portefeuille me gêne... Tenez, mes enfants, voilà les billets !... le paquet !... Il y en a bien cent... comptez...

— Oui. Oh ! le compte y est !... D'ailleurs, nous avons confiance en vous...

— Serrez cela bien vite dans votre caisse... Ah ! regardez donc !... la clef y est, à votre caisse !... A quoi donc pense votre caissier ?

Les deux associés, qui savent qu'il n'y a plus un sou dans la caisse, répriment une envie de rire et Berlingot s'écrie :

— Cet étourdi de Croquet n'en fait jamais d'autres?... Mais peut-être avait-il versé tous nos fonds à la Banque... Cette fois, soyez tranquille, je vais fermer avec soin.

Berlingot se dispose à placer les billets dans la caisse. Robillot l'arrête :

— Eh bien ! dites donc... une minute !... et mon trimestre ?... C'est que je n'ai plus d'argent, moi ! et je veux me dépêcher d'amuser Thérèse pour la renvoyer bien vite chez nous... Donnez-moi mes deux mille cinq cents francs.

— C'est juste !... Mais il y a un compte que vous devez... Votre chien a cassé, brisé... Croquet en a la note...

Volenville interrompit Berlingot, en s'écriant :

— Fi donc ! mon ami; vous allez retarder ici notre ami Robillot pour un misérable compte de chien ?... Est-ce que vous n'êtes pas gens de revue ? Est-ce que vous n'avez pas tout le temps de lui parler de cela plus tard ?... Donnez-lui donc ses deux mille cinq cents francs, et rentrons vite au salon où ses dames nous attendent !

— Ah ! bravo, mon homme d'affaires ! Ah ! il parle toujours bien, lui !... Pardi ! d'ailleurs, un autre trimestre va bientôt échoir, je payerai alors les bêtises de mon dogue... mais rien ne presse, nous avons le temps...

Berlingot n'insiste pas ; il donne deux mille cinq cents francs au campagnard, échange un coup d'œil significatif avec Volenville, ferme la caisse, met la clef dans sa poche, et les trois messieurs rentrent au salon.

— Où étais-tu donc, Nicodème ? demanda la timide Thérèse en voyant reparaître son mari.

— Chère amie, j'étais dans les affaires, parce que, vois-tu... à Paris, les hommes en ont toujours et qui ne regardent pas les femmes... Maintenant, vivent le café, les liqueurs et le tord-boyaux !... N'est-ce pas, le caissier ?... Ah ! j'ai oublié de lui apporter un fromage, mais ma femme vous en enverra un, dès quelle sera de retour chez nous... n'est-ce pas Thérèse ?

— Oui, Nicodème.

— C'est égal, je suis bien fâché que le superbe Perdaillon ne soit pas ici... Thérèse, tu verras le bel homme à un autre voyage.

A peine a-t-on pris le café et les liqueurs que Volenville entame une partie d'écarté avec Vernouillet. Ces messieurs jouent un napoléon la partie.

— Pariez-vous pour moi, monsieur Croutmann ? demande l'homme d'affaires à l'Alsacien, qui répond :

— Volontiers !... Je parie dix sous... si on les tient.

— Dix sous ? s'écrie Vernouillet en riant. Ah ! quelle bonne farce !... Est-ce qu'on joue des sous ?... C'est sans doute dix francs que vous voulez dire ?... et encore est-ce bien modeste ?

— Dix francs !... Oh ! quand vous me verrez jouer dix francs, vous pourrez dire : Croutmann n'a plus sa raison. Je ne joue que dix sous moi, monsieur, car, Dieu merci ! je n'ai pas besoin de vous gagner votre argent, et je ne vois pas la nécessité de vous donner le mien !... Je joue pour m'amuser, voilà tout.

Volenville se mord les lèvres, donne un coup de genou à Vernouillet pour qu'il n'insiste pas et dit :

— Du moment que cela vous amuse de jouer si petit jeu, vous avez parfaitement raison, monsieur Croutmann, de ne rien changer à vos habitudes... Qui est-ce qui tient les dix sous ?

— Moi, s'écrie Robillot. Oh ! tant pis ! je me lance aujourd'hui. Bast ! on n'est pas en fête tous les jours !...

« Voilà des gaillards avec lesquels je ne ferai pas les frais de mon déjeuner, se dit Berlingot, mais, le principal, c'est que le marchand de fromages a apporté ses autres cent mille francs et que le papa et la maman Croutmann sont enchantés de ma maison. La vue du couple campagnard n'a pu leur produire un bon effet, en faisant voir que nous avons des clients même en province. Mademoiselle Ketly n'a pas l'air bien touchée de mes compliments, mais elle est soumise, respectueuse, et elle obéira à ses parents, lorsque ceux-ci lui diront :

« — C'est monsieur Berlingot qui sera ton mari. »

Robillot a déjà gagné vingt sous à Croutmann, lorsque Thérèse fait un signe à son mari, qui s'empresse d'aller à elle et lui dit :

— Qu'est-ce que tu veux ?

— Nicodème, je suis malade !... j'ai mal au cœur !

— Ah ! bon ! j'en étais sûr ! Tu t'es flanqué une indigestion... voilà ce que c'est de manger trop vite !... Messieurs, mesdames, nous sommes bien fâchés de vous quitter... mais ça ne serait pas gentil si Thérèse faisait des renards dans le salon... excusez-la... Je ne la mènerai plus dîner en ville.

On accepte les excuses du couple Robillot. Thérèse s'en va en faisant autant de révérences pour sortir qu'elle en a fait pour entrer.

— A bientôt, mes banquiers !... Je reviendrai sous peu vous voir ! crie le marchand de fromages en prenant le bras de sa femme, qu'il fourre sous le sien avec un mouvement d'humeur qui fait rire Vernouillet tandis que M. Démeloir, qui s'est tenu dans un coin du salon depuis qu'on a pris le café, s'écrie :

— Eh quoi ! ces braves campagnards s'en vont ?... mais je faisais justement un quatrain pour eux !... ils m'ont rappelé les *Bergeries* de Florian !...

Berlingot, qui a été reconduire les Robillot, rentre dans le salon et y trouve les dames Croutmann, qui se préparent aussi à partir.

— Comment ! vous voulez déjà nous quitter ? s'écrie-t-il ; mais il est de très-bonne heure, à peine dix heures !...

— Oui, dit Croutmann, mais nous avons riboté !... Gotlieb vient d'être malade, Ketly semble fatiguée... Écoutez donc, vous nous avez tant fait boire !... Nous ne sommes pas indisposés comme cette brave dame qui vient de partir, mais nous ne serons pas fâchés de trouver nos lits.

Volenville fait signe à Berlingot de ne pas insister ; et, en effet, que voulez-vous que ces messieurs fassent avec un homme qui ne veut pas jouer plus de dix sous ? La famille Croutmann prend congé, et le papa serre la main à Berlingot en lui disant :

— Mon cher, votre déjeuner était délicieux !... Vous êtes logé comme un prince ?... vous avez pour clients de braves gens, qui paraissent fort contents d'être en relations avec vous !... recevez mes compliments. Je suis content de vous savoir dans une si belle position.

Berlingot est enchanté ; il serre de toutes ses forces la grosse main de l'Alsacien et va rejoindre ses amis en disant :

— Ça marche !... ça ira !... la journée a été bonne !

— Oui, dit Volenville, mais ce Croutmann est un dur-à-cuire !... et ce n'est pas au jeu qu'il se ruinera.

V

MADAME ASTRAKAN

Henry Demarsay, en apprenant que la femme qu'il a tant aimée est l'épouse du banquier Cramoisan, est rentré chez lui pensif, rêveur, après avoir quitté son oncle. Il demeure assez longtemps plongé dans ses réflexions ; l'expression de ses traits annonce que les pensées qui l'absorbent augmentent sa mélancolie.

Tout à coup, comme faisant un effort sur lui-même, il se dit :

— N'importe ! il faut que je la voie, que je lui parle, que je sache enfin si cet homme la rend heureuse : et ce que l'on vient de m'en dire me fait craindre le contraire.

Henry est sorti. Il lui a été facile de se procurer l'adresse du riche banquier Cramoisan, qui donne des fêtes dont parlent les journaux. Il va se promener dans la rue d'Antin, passe et repasse plusieurs fois devant la maison habitée par le fastueux homme de Bourse, voit que cela ne l'avance à rien ; puis, avisant à quelques pas plus loin un commissionnaire assis sur ses crochets, va droit à cet homme et lui dit :

— Connaissez-vous le banquier Cramoisan ?...

— Oui, monsieur. Qui est-ce qui ne le connaît pas... Tenez, voilà son hôtel !...

— Je le sais... Mais pouvez-vous me donner quelques renseignements sur les habitudes des personnes qui habitent cet hôtel ?...

— A coup sûr, je le peux ! je suis assez souvent em-

... Que M. Cramoisan entretient les courtisanes les plus en vogue. Page 21.

ployé par les gens, ou les commis... quelquefois même par le banquier lui-même.

Henri fouille à sa poche, et en tire une pièce de cinq francs qu'il met dans la main du commissionnaire. Celui-ci, tout en la prenant, examine avec plus d'attention la personne qui la lui donne et dit :

Tiens !... c'est drôle !... Je vous reconnais, à présent, monsieur... Oh ! oui, c'est bien vous !... je ne me trompe pas.

— Vous me connaissez ?... Je ne me rappelle pas cependant vous avoir jamais employé !

— Ah ! monsieur, c'est qu'il n'y a pas bien longtemps que je suis commissionnaire ; auparavant, j'exerçais l'état de savetier-cordonnier... Un jour, des idées d'am-

bition m'avaient tourné la tête... je n'entendais parler que de faillites qui enrichissaient... ma foi ! j'ai voulu essayer de faire comme les autres ! mais ce qui réussit aux grands enfonce quelquefois les petits !... Je gardais la moitié de la marchandise qu'on m'avait confiée... et, sans vous, une jeune et jolie fille n'avait qu'un petit soulier vert, au lieu de deux qu'elle m'avait remis à raccommoder...

— Quoi ! ce serait vous... ce savetier dans la rue Saint-Lazare, qui voulait ne donner que cinquante pour cent de ce qu'il devait ?...

— Oui, monsieur, oui, c'est moi, Dutalon...

— Et il me paraît que votre faillite ne vous a pas enrichi ?

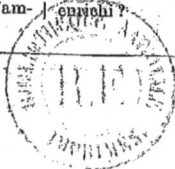

— Oh ! non, monsieur, au contraire, elle m'a fait aller en prison pendant un mois. Là, je me suis rappelé ce que vous m'aviez dit... que je prenais une vilaine route pour faire fortune. Alors, quand j'ai été libre, je me suis fait commissionnaire... et je m'en trouve mieux.

— Quelle que soit la profession que vous embrassiez, conduisez-vous avec honneur, vous vous en trouverez toujours bien. Maintenant, puisque je vous connais mieux, je puis bien vous dire que c'est sur l'épouse du banquier que je désirerais obtenir quelques renseignements. Il ne s'agit pas ici d'une intrigue d'amour. Je ne suis point un amoureux qui cherche à parvenir jusqu'à cette dame. Je suis un ancien ami de sa famille ; je veux savoir si cette dame est heureuse... et si je ne pourrais pas trouver une occasion pour lui parler.

— Oh ! monsieur, pour ce qui est de ça, ce sera difficile, car cette dame sort peu ; ensuite, son mari, quoiqu'il ait toujours des maîtresses de tous les côtés, est cependant très-jaloux de sa femme... je le sais par ses domestiques. Quand madame est sortie, il s'informe où elle a été, si elle a parlé à quelqu'un... et ce serait pourtant difficile : la dame sort presque toujours dans sa voiture. Elle va au bois de Boulogne assez souvent, de trois à cinq heures.

— Avec son mari ?...

— Oh ! par exemple !... jamais. Avec une amie, ou seule, ou bien elle emmène sa femme de chambre.

— Alors vous pensez qu'elle ne reçoit point de visites en cachette... qu'elle n'a aucune intrigue secrète ?...

— Non, monsieur ; oh ! si elle en avait, nous autres, nous le saurions bien vite.

— Il suffit. Je vous reverrai plus tard ; si vous appreniez quelque chose d'intéressant touchant cette dame, vous me le diriez.

— Oui, monsieur, vous pouvez compter sur moi...

— Et sur votre discrétion ?

— C'est notre premier devoir, monsieur.

Henry s'éloigne en se disant : « Elle va se promener au bois de Boulogne,... de trois à cinq heures... J'irai ; peut-être le hasard me la fera-t-il rencontrer. »

Et pendant huit jours le neveu de Volenville ne manque pas d'aller se promener au Bois ; là, ses yeux plongent dans les calèches, dans les coupés, ils y cherchent cette femme qu'il n'a pas vue depuis près de trois ans, et Henry se dit :

« Elle ne me reconnaîtra pas peut-être ?... mais, moi, je la reconnaîtrai toujours ! »

Un jour que l'affluence des voitures, encore plus grande que de coutume, forçait les équipages à aller presque au pas, dans une jolie calèche, une jeune femme fort élégante était seule, et jetait des regards moqueurs sur les piétons. Tout à coup, en apercevant Henry, elle pousse un cri, ordonne à son cocher d'arrêter, puis, faisant au jeune avocat de gracieux saluts, lui fait signe de venir se placer près d'elle dans sa voiture. Henry hésite, il regarde cette dame, dont les traits ne lui sont pas inconnus, il cherche à se rappeler où il l'a déjà vue... il s'est approché doucement de la calèche, se demandant si c'est bien à lui que l'on fait signe de monter ; mais alors une voix lui crie :

— Montez donc, monsieur Henry Demarsay, venez donc un peu causer avec moi !... Ah ! je suis si contente de vous rencontrer !...

— Est-ce possible !... Claudinette ! s'écrie Henry, en montant dans la voiture, où la jeune femme s'empresse de lui faire une place à côté d'elle, en lui répondant :

— Oui, monsieur, oui, c'est moi, c'est Claudinette.. c'est-à-dire : c'est moi, mais ce n'est plus Claudinette. c'est madame Astrakan que vous voyez près de vous.

— Madame Astrakan !... Pourquoi ce nom ?

— Pourquoi ! vous me demandez pourquoi ?... Ne le devinez-vous pas ?

— En effet, ce changement de manières, cette élégante toilette, cet équipage...

— Mon Dieu, oui, monsieur, je suis devenue une cocotte comme les autres... Que voulez-vous !... j'allais à une classe de danse !... il y venait des jeunes gens ; un jour il y est venu un Anglais excessivement riche qui s'est avisé d'être amoureux de moi !... Il m'a éblouie par ses présents, par sa magnificence... J'allais débuter au théâtre ; il ne l'a pas voulu... il a mis à mes pieds un hôtel, une voiture, des diamants... et... je n'ai pas eu la force de résister !... J'ai accepté tout ce qui était à mes pieds...

— Je le conçois. Seule, sans parents, sans protecteurs autour de vous... cela devait arriver. Vous deviez infailliblement succomber.

— Cela devait arriver, dites-vous ; mais pourtant il n'eût tenu qu'à vous que cela n'arrivât pas. Quand je suis allée vous voir... si vous aviez accepté mes services... si vous aviez bien voulu me garder avec vous, tout cela ne serait pas arrivé ; au contraire !...

— Vous ne devez pas regretter que je n'aie pas accepté vos offres... Je ne vous aurais pas fait un sort brillant, moi ! Vous n'auriez pas aujourd'hui cette toilette, ces diamants, cet équipage !... Vous ne seriez encore qu'une pauvre jeune fille !... Allons, avouez que vous trouvez maintenant que j'ai eu raison d'agir comme je l'ai fait.

— Ah ! vous pensez que je trouve cela ?...

La jeune femme détourne la tête ; une larme est venue mouiller sa paupière. Demarsay ne l'a pas vue, cette larme, mais il l'a devinée, car les larmes sont aussi dans la voix. Il prend la main de la jeune femme :

— Qu'avez-vous donc, Claudinette ?... Ah ! pardon ! j'oubliais que je dois dire madame Astrakan !...

— Oh ! non, appelez-moi toujours Claudinette... Avec vous, je voudrais l'être encore !... Si vous pouviez savoir quel plaisir vous me faites, en me donnant ce nom-là !... ah ! vous me le répéteriez plus souvent !... Monsieur Henry, la dernière fois que je vous ai vu, je vous ai quitté bien brusquement... je croyais ne plus vous retrouver... mais, à présent que je suis chez moi, ma maîtresse... est-ce que vous ne me viendrez pas voir un peu ?... Ah ! je vous en prie !... Si vous saviez comme cela me rendra heureuse !... Tous ces beaux messieurs, ces dandys, ces élégants qui viennent me faire la cour, m'ennuient tant ! Je me moque d'eux... mais, c'est singulier, plus je m'en moque, plus je leur ris au nez, et plus ils m'accablent de déclarations et de cadeaux. C'est à qui me fera les offres les plus magnifiques. Mon Dieu ! que les hommes sont bêtes !... Il suffit donc de leur résister, de les envoyer promener, pour leur tourner la tête !... Mais vous n'êtes pas comme cela, vous ; aussi je trouve à vous dire... des choses que je ne dirais jamais à ces messieurs-là... Monsieur Henry, viendrez-vous me voir ?... Ah ! vous craindriez peut-être de vous compromettre ?...

— Non, Claudinette, telle n'est pas ma pensée. Un homme peut toujours aller rendre visite à une dame. Je suis avocat, vous pourriez avoir besoin de mon ministère... Mais, seulement, il me semble... Enfin, vous devez craindre de donner de la jalousie à celui qui maintenant est votre... votre amant ?

— Mon amant !... D'abord ne donnez pas ce titre-là à celui qui est en ce moment mon protecteur. Un amant est un homme que l'on aime... Est-ce que vous pensez que j'aime celui qui se ruine pour moi ?... Oh ! non ! Et, pourtant, je vous prie de croire que je ne cède pas aux offres les plus brillantes, si celui qui me les fait n'a pas au moins, dans son langage, dans sa personne, dans sa tournure, quelque chose qui annonce un homme distingué. Je suis encore neuve dans la carrière que j'ai embrassée. Lord Rigfort m'y a fait débuter, mais depuis qu'il est parti pour les Indes, je n'ai accepté que les hommages de M. Arthur de Grainval, et Dieu sait combien j'en ai refusé !... Je sais bien que je ne puis pas me donner pour une femme sage !... mais je ne voudrais pas cependant être confondue avec ces folles qui changent chaque jour d'amoureux et se font une gloire de tromper tous les hommes. Je prétends me singulariser en tenant mes promesses. Tenez, monsieur Henry, je crois, dans le fond de mon cœur, que je n'étais pas née pour la vie que je mène à présent !... Non ! aucun de ceux qui m'entourent n'est mon amant... Je n'en aurai jamais, d'amant !... parce que... je ne dois plus aimer personne !...

— Ne dites donc pas cela, Claudinette, à votre âge !... Est-ce qu'on peut prévoir l'avenir ?...

— Si l'on ne peut pas prévoir l'avenir, on peut au moins répondre de son cœur... et le mien ne sera plus à personne... puisque celui auquel je l'avais donné... l'a repoussé... n'en a pas voulu...

Henry se tait. Il est embarrassé, car cette fois il n'y avait plus à feindre de ne pas comprendre. La jolie fille laissait trop bien deviner ses sentiments ; et, comme si ses paroles n'avaient pas suffi, ses yeux, attachés sur ceux de celui qui était près d'elle, en disaient au moins autant que sa bouche.

Un silence de quelques instants s'établit. C'est la jeune femme qui le rompt la première, en s'écriant :

— Mon Dieu ! que suis sotte ! que je suis ridicule ! .. Je ne vous entretiens que de moi, comme si cela pouvait beaucoup vous intéresser. Ce sont tous ces imbéciles qui m'entourent sans cesse, qui m'ont ainsi rendue vaine et babillarde !... Je ne puis pas dire un mot sans qu'ils le trouvent charmant. Très souvent je me moque d'eux et ils ne s'en aperçoivent pas, ou cela les fait rire aux larmes... et c'est qu'on dira que j'ai de l'esprit !... Il est certain qu'avec eux je ne me gêne pas : je dis tout ce qui me passe par la tête et, dans la quantité, il peut parfois se trouver des choses spirituelles. On est bien forte quand on n'aime pas !... Bon ! voilà encore que je vous parle de moi !... Pardon, monsieur Henry, et, dites-moi : Êtes-vous toujours sérieux ?... Avez-vous toujours un secret dans le cœur, qui vous occupe ?... qui vous attriste ?...

— Et qui vous fait penser, Claudinette, que j'aie un secret au fond de mon cœur ?

— Ah ! monsieur... dame !... j'ai cru cela, parce que je vous ai vu sans cesse sérieux, préoccupé... et, en

général, c'est l'amour qui nous rend comme cela... quand on n'obtient pas tout ce qu'on désire. Est-ce que je me trompe ?... Voyons, si je ne puis être que votre amie, ne m'ôtez pas cette consolation, monsieur Henry ! Est-ce que vous ne voulez pas même que je sois votre amie ?... Est-ce que vous me méprisez trop pour cela ?... Mais, ce que je suis... c'est votre faute. Il ne fallait pas me faire rendre mon soulier... je serais retournée bien vite à Beauvais.

Henry presse avec effusion la main de Claudinette, en lui disant :

— Non, non, je ne vous méprise pas, pauvre fille, car, en effet, si vous avez glissé dans le chemin dangereux où vous vous engagiez, c'est un peu ma faute, à moi, qui vous avais promis de m'occuper de vous et qui ne l'ai pas fait. Mais ne revenons pas sur le passé !... Soyez mon amie, j'accepte avec joie votre amitié, car je sais que l'on peut bien plus compter sur l'amitié d'une femme que sur son amour. Oui, Claudinette, vous ne vous trompez pas, j'ai au fond du cœur un souvenir qui attriste ma vie... J'aimais, j'adorais une femme... et, pendant un voyage que j'étais forcé de faire, elle en a épousé un autre !...

— Mais elle ne vous aimait donc pas, alors ?...

— Peut-être fut-elle contrainte par ses parents ?...

— Ah ! on ne m'aurait pas contrainte, moi !...

— Depuis peu de temps, seulement, je sais qui est son mari, je sais qu'elle habite Paris ; mais je n'ai pu encore la rencontrer.

— Vous voulez l'enlever à son mari ?

— Non. Non, je n'ai jamais eu cette pensée !... mais un autre motif... Je désire savoir si elle est heureuse... car, si son mari se conduisait mal avec elle...

— Eh bien ?...

— Mais ceci est tout une autre histoire !... Enfin, ma bonne Claudinette, si vous me voyez aujourd'hui au bois de Boulogne, c'est que j'y viens dans l'espoir de rencontrer cette femme que je brûle de revoir...

— Vous l'aimez donc toujours ?

— Je la vois encore telle qu'elle était avant mon départ pour la Russie !... Je me figure que je vais la retrouver de même... Je me fais illusion sans doute...

— Vous l'aimiez tant ! Et elle en a épousé un autre !... Ah ! elle ne vous aimait pas comme vous méritez de l'être !...

— Adieu ! Claudinette ; je vais vous quitter...

— Déjà !... mais je n'ose pas vous retenir davantage ; c'est bien bon à vous d'avoir consenti à être vu dans ma compagnie...

— Bien des hommes ont dû envier mon sort !...

— Ce qui prouve que les apparences sont souvent trompeuses ! Monsieur Henry, voilà mon adresse... Viendrez-vous me voir ?

— Oui, j'irai.

— A la manière dont vous dites cela, je vois que vous ne viendrez pas...

— Claudinette, vous vivez dans un monde qui n'est pas le mien. Je suis un Huron ! un ours ! pour ces gens-là...

— Mais c'est moi seule que vous viendrez voir !... et, quand je vous recevrai, je congédierai bien vite toute ma cour. Enfin, vous ferez comme vous voudrez !... mais si jamais, par hasard... ce qui malheureusement pour moi n'arrivera pas !... si jamais je pouvais vous être bonne à quelque chose... songez que je serai là : je jour, la nuit, n'importe à quelle heure, à votre disposition; car j'entends l'amitié, moi, mieux que votre belle n'entendait l'amour.

— Adieu !... non, au revoir, Claudinette !

— Ah ! merci ! merci ! de m'appeler comme cela !

Henri dit au cocher d'arrêter. Il descend de la calèche, qui bientôt reprend sa course emmenant madame Astrakan; et celle-ci retourne longtemps la tête pour voir celui qui vient de la quitter.

VI

MATHILDE

Il y a des jours *fastes* et des jours néfastes, ou, si vous l'aimez mieux, des jours heureux et malheureux. Il y en a où tout vous réussit, où les événements semblent d'eux-mêmes s'arranger pour que vos moindres désirs soient satisfaits, et d'autres où rien ne vous réussit. Probablement Henry Demarsay devait ce jour-là voir se réaliser toutes ses espérances, car à peine avait-il fait quelques pas dans le Bois, en se dirigeant vers la cascade, et du côté où les dames vont souvent s'asseoir, que, parmi cette société élégante, ces enfants bien parés, ces mamans encore coquettes, assises sur des chaises, il aperçut enfin celle qu'il cherchait depuis si longtemps : cette Mathilde qu'il désirait tant revoir !

Madame Cramoisan est une femme de vingt-quatre ans, d'une taille élevée, mais parfaitement proportionnée. Sa figure est à la fois belle et imposante; ses traits sont corrects; c'est un profil grec qui rappelle les plus belles statues de *Phidias*; ses yeux bruns sont grands, fiers, et surmontés de deux arcs bien tracés. Ses cheveux, très-noirs, sont abondants, mais laissent voir un front noble et blanc. Ses épaules, sa poitrine, son col, tout est parfait ! Enfin, rien ne manque à la beauté de cette dame, si ce n'est un peu d'animation ; mais on voit qu'elle sait ce qu'elle vaut, et nul doute pas que chacun ne doive lui rendre hommage. Avec cette croyance, vous concevez que cette dame ne se donne même pas la peine de chercher à paraître agréable, elle se contente de poser, en ayant l'air de dire : « Admirez-moi !... »

Une toilette d'une extrême élégance mais de fort bon goût, ajoute encore à l'éclat de sa beauté, car tout ce que l'on dira contre la parure n'ôtera rien à son pouvoir, surtout quand elle est bien portée.

Henry Demarsay a sur-le-champ reconnu, dans cette belle dame, la demoiselle qu'il était sur le point d'enlever. Il s'est fait cependant un changement assez notable chez Mathilde. Lorsqu'elle était encore demoiselle, il y avait en elle plus de vivacité, plus d'expression dans ses traits; car alors elle ne posait pas encore, mais elle voulait plaire, et daignait chercher à paraître avec tous ses avantages. Le changement qui s'est opéré chez elle depuis qu'elle est l'épouse d'un millionnaire, n'a pu empêcher celui qui l'adorait de se dire : « C'est elle ! » et de s'arrêter alors, en se tenant un peu à l'écart afin de l'examiner plus à son aise.

Une jeune dame, fort élégante, mais dont la toilette un peu originale semble ne pas sortir des magasins de Paris, est avec la femme du banquier. Seulement, Henry remarque que ces deux dames se parlent fort peu, et que celle qui a tout l'air d'être une étrangère, s'exprime plutôt par signes qu'autrement.

Le jeune homme brûle d'envie de parler à cette femme, qu'il n'avait pas vue depuis trois ans. Il est curieux de savoir comment elle l'accueillera, et si son cœur a perdu tout souvenir du passé ; mais il se demande si le lieu est convenable pour une telle entrevue. Cependant, ces dames sont assises à une place assez éloignée du monde. Près d'elle il y a plusieurs chaises qui ne sont pas occupées; en s'approchant par derrière ces dames, il est facile d'arriver jusqu'à elles sans qu'elles aient pu vous voir. C'est ce que fait Henry, qui se trouve bientôt derrière la chaise occupée par Mathilde, et s'arrête là, presque suffoqué par l'émotion qu'il ressent.

Puis enfin, lorsqu'il est un peu remis, Henri murmure à demi-voix, mais en se penchant tout contre la tête de celle à laquelle il s'adresse :

— Madame Cramoisan veut-elle me permettre de lui présenter mes hommages?

L'oreille a toujours de la mémoire, lors même que le cœur n'en a plus. Mathilde est vivement frappée par ces accents. Elle tourne aussitôt la tête, aperçoit Henry, et son visage exprime enfin une assez vive émotion, tandis qu'elle s'écrie :

— Monsieur Henry Demarsay!... Est-ce possible?...

— Et pourquoi donc ne serait-ce pas possible, madame ? Est-ce qu'on vous avait dit que j'étais mort ?

— Non! Mais depuis si longtemps... et ne vous ayant rencontré nulle part... je pensais que vous n'habitiez point Paris.

— J'y suis depuis près de six mois, madame, et c'est pour vous revoir, c'est dans l'espoir de vous rencontrer que je suis venu m'y fixer. Mon Dieu !... pardon !.. j'ai tort peut-être de vous dire cela ici?... vous n'êtes pas seule...

— Oh! c'est absolument comme si je l'étais. Je suis avec milady Wasting, une Anglaise, qui ne sait pas quatre mots de français mais qui désirait venir au Bois, où j'ai bien voulu me charger de la conduire. Nous pouvons donc causer comme si j'étais seule. Ce pauvre Henry !... Vous n'êtes pas changé !... Est-ce que vous pensez encore à moi?...

— Ah! je n'ai jamais cessé d'y penser !... Pas un jour! pas une heure !...

— Vraiment? Eh bien, il faudra cesser, mon ami, car à présent cela ne vous avancerait à rien.

— Comme vous me dites cela, madame ! Ah! Mathilde ! il vous a donc été bien facile à vous, d'oublier nos serments, notre amour?

— Mais il l'a bien fallu. Il me semble que votre amour pour moi ne vous a pas empêché de me laisser là, et de partir pour la Russie?...

— Ne savez-vous pas que j'y ai été forcé, contraint par mon père?... mais je vous avais écrit : « Attendez-moi ! je reviendrai. »

— Oui, on écrit cela !... Mais on écrit tant de choses que l'on ne fait pas! Je m'ennuyais chez mon père... On ne pouvait se procurer aucun plaisir. L'idée de vivre dans la retraite me faisait frémir. M. Cramoisan s'est présenté. Il est excessivement riche ; il m'a offert une existence toute parsemée de fêtes, de bals, de diamants, de belles toilettes. C'était bien séduisant !...

Mon père me suppliait d'accepter. Ma foi! je me suis laissé marier.

— Sans donner un regret, un soupir à ce pauvre Henry qui vous aimait tant ?...

— Mais si, j'ai donné un soupir! j'ai donné infiniment de soupirs à ce pauvre Henry, qui peut-être alors faisait la cour à quelques jolies Moscovites...

— Ah! Mathilde, que vous me connaissez mal!

— Eh bien, franchement, mon ami, vous auriez bien fait, et je ne vous en voudrais pas du tout pour cela; car, maintenant, je regarde l'amour comme une folie, et je trouve que, dans la vie, ce qu'il faut avant tout, c'est être riche, afin de pouvoir satisfaire toutes ses fantaisies. Briller au premier rang, éclipser toutes les autres femmes par son luxe, par ses toilettes, enfin, avoir une existence comme celle que je mène, voilà le bonheur? Celui-là ne se contente pas de soupirs... mais il est réel, il est positif!

Henry a écouté la jeune femme sans l'interrompre, puis il murmure :

— Comme le mariage vous a déjà changée, Mathilde!

— Mais non, mon ami, j'ai toujours pensé de même; seulement je gardais peut-être mes idées pour moi. Elles ne sont pas les vôtres? Eh bien, vous voyez que nos parents ont eu raison de ne pas nous marier, car nous n'aurions pas été toujours d'accord. Ah! mon ami, pourquoi ne portez-vous pas des gilets en cœur comme c'est la mode maintenant? Voyez, tous les hommes en ont! Il faut vous mettre à la mode... Vous êtes fort bien de votre personne, il ne faut pas vous habiller comme un provincial.

Le jeune homme se tait. Ce qu'il entend lui donne beaucoup à réfléchir.

La dame anglaise pousse madame Cramoisan, en lui désignant une belle calèche renfermant une dame dont la robe couvre tout l'intérieur de la voiture. Elle frappe dans ses mains, en s'écriant :

— *Beautiful! beautiful!*...

— Oui, c'est beaucoup d'étoffe, répond Mathilde en souriant; mais c'est mal porté.

Un monsieur fort élégant, le monocle à l'œil, passe alors devant les deux dames et s'arrête pour saluer la femme du banquier, en s'écriant :

— Ah! quel heureux hasard! quel délicieux hasard! et que ce jour m'est donc favorable!!! Rencontrer madame Cramoisan au Bois, c'est chose rare, et je suis un mortel favorisé des dieux!

— Bonjour, monsieur de Minosas. Vous n'étiez pas hier au bal de madame de Senange?

— Eh! mon Dieu, non. Un incident inattendu m'a empêché de m'y rendre. J'étais presque habillé, lorsque je me suis aperçu que mon pantalon faisait un faux pli par devant: c'était fort vilain. Je n'avais pas d'autre pantalon de bal; ma foi! je me suis abstenu.

— Coquet que vous êtes!

— Écoutez donc, on ne veut pas être malfagoté! il faut se montrer avec tous ses avantages. Un pantalon mal fait, voyez-vous, c'est hideux! c'est déshonorant! Mais, pardon, j'aperçois là-bas de Crécy qui m'attend... Mes hommages, mesdames, mes plus sincères hommages!

Le beau monsieur s'est éloigné. Henry regarde Mathilde en disant : — En effet, ce monsieur-là a un gilet en cœur.

— C'est un homme du meilleur monde; il suit les modes à la rigueur.

— Et vous voudriez me voir comme ce monsieur, qui ne va pas en soirée parce que son pantalon fait un faux pli ?...

— Mon Dieu! je voudrais vous voir suivre les modes comme le font tous les hommes qui vont dans le grand monde; voilà tout.

— Je vous certifie, moi, que je ne ressemblerai jamais à ce monsieur qui vient de vous parler, et que je ne suis nullement tenté de le prendre pour modèle.

— Vous êtes toujours le même, Henry; toujours frondeur, austère, dans vos manières. Mon Dieu! habillez-vous comme il vous fera plaisir. Ce que je vous en disais, c'était dans votre intérêt... Je n'en resterai pas moins amie avec vous.

— Ah! j'avais besoin de vous entendre me dire ces dernières paroles!... Maintenant, permettez-moi quelques questions, et croyez bien que c'est le désir que j'ai de vous voir heureuse qui me porte à vous les faire.

— Parlez, mon ami.

— Votre mari tient-il toutes ses promesses? Votre vie est-elle en effet parsemée de fêtes, de plaisirs? Enfin, vous rend-il heureuse?

— Mais oui; j'ai tout ce que je puis désirer en parures, en toilettes... M. Cramoisan a trop de vanité pour ne pas vouloir que sa femme brille partout où elle va.

— Ainsi, il ne refuse jamais de satisfaire vos fantaisies ?

— Jamais. Pourquoi me faites-vous ces questions ?

— C'est que l'on m'avait dit... Mais, je crains d'être indiscret...

— Je vais vous aider, moi! On vous a dit, n'est-ce pas, que M. Cramoisan a une foule de maîtresses? qu'il entretient les courtisanes les plus en vogue? qu'il dépense beaucoup avec elles ?

— En effet, oui; on m'a dit cela... Vous ne le croyez pas?

— Au contraire, j'en suis bien persuadée, et surtout fort satisfaite. Que M. Cramoisan ait autant de maîtresses que bon lui semble, croyez-vous que j'en suis jalouse? Est-ce que je l'ai jamais aimé, cet homme? Je l'ai épousé pour briller dans le monde. J'y tiens la place que je voulais avoir; le reste m'occupe peu! Il y a mieux: je suis enchantée qu'il ait des maîtresses, car cela m'a délivrée de son amour, qui m'était insupportable, mais qui, heureusement, n'a pas duré longtemps.

— Quoi! votre mari n'a plus d'amour pour vous?

— Oh! plus du tout... M. Cramoisan a les passions violentes. Pour les satisfaire, il n'est rien dont il ne soit capable; mais, lorsque sa passion est satisfaite, elle s'éteint promptement.

— On dit, cependant, qu'il est extrêmement jaloux; qu'il fait surveiller vos moindres démarches?

— Il est jaloux par amour-propre, mais pas par amour. Il serait désolé que l'on pût rire à ses dépens. Il veut bien tromper les autres, mais il ne veut pas l'être. Il y a beaucoup d'hommes comme lui, et que leur surveillance n'empêche pas d'être trompés. Quant à moi, qu'il me fasse surveiller tant qu'il voudra, peu m'importe! Je n'ai point d'intrigues, je n'en aurai jamais. Je trouve, maintenant, qu'il est cent fois plus agréable de recevoir les hommages d'une foule élégante qui brigue le moindre de vos regards, qui fait tous ses efforts pour vous plaire, que de passer son temps à soupirer en secret, en éprouvant toutes les inquiétudes de la jalousie et de l'amour. Si M. Cramoisan me fait épier, croyez bien que je n'en suis pas moins ma maîtresse, et c'est justement parce que rien dans ma conduite n'autorise sa jalousie, que je veux être libre de recevoir chez moi qui bon me semble. Qu'il coure avec ses belles! oh! je ne courrai pas après lui!... Mais c'est bien le moins qu'il me laisse recevoir mes amis. Vous êtes du nombre, Henry, vous êtes même mon meilleur ami, j'en suis persuadée; aussi, je veux que vous veniez me voir. J'espère que vous ne me refuserez pas?

— Comment, Mathilde, vous voulez que j'aille chez vous?

— Pourquoi pas?

— Mais... votre mari ne me connaît pas...

— Qu'est-ce que cela fait? Ce n'est pas pour lui que vous viendrez, c'est pour moi.

— Oh! non, non, cela ne se peut pas!

— Et, moi, je vous dis que cela se peut très-bien. Tenez, voulez-vous une occasion? Nous allons bientôt donner un bal, une de ces fêtes brillantes où nous recevons tant de monde, que très-souvent nous n'avons pas le loisir de voir la moitié des personnes que nous avons reçues. Une dame m'a dit, il y a quelque temps: « Mon Dieu que votre dernière fête était belle! — Quoi! lui ai-je répondu, vous y étiez donc? — Mais sans doute, me dit-elle. — Eh bien! je n'en savais rien. » Je vous enverrai une invitation pour cette fête, et vous y viendrez.

— Mais... je ne sais.

— Je vous répète que je veux que vous y veniez... Donnez-moi votre adresse...

— Je vous assure, Mathilde, que je ne puis aller chez vous...

— Vous avez donc bien peur de mon mari?... Vous, que j'ai connu si brave!...

— Peur de votre mari?... Moi!...

En disant cela, Henry fouille à sa poche, y prend une de ses cartes et la donne à la femme du banquier, en lui disant :

— Voilà mon adresse, madame.

— A la bonne heure! Alors, vous viendrez à cette fête... vous me le promettez?

— Oui, madame, je vous le promets.

— Je suis tranquille, car je sais qu'on peut compter sur vos promesses... et j'espère bien...

Mathilde est interrompue par un jeune gandin qui vient la saluer, en s'écriant :

— Ah! madame Cramoisan avec lady Wasting!... Quel plaisir de vous rencontrer, mesdames, et que j'ai donc bien fait de laisser mon cheval prendre haleine à Madrid!... vous savez, au délicieux repos de Madrid?... Cette pauvre bête était tout en nage... Je trotte deux heures sans m'arrêter!...

Henry Demarsay, qui ne se soucie pas d'entendre une autre conversation, dans laquelle il apprendrait peut-être que ce monsieur avait manqué un mariage parce qu'il n'avait pas bien noué sa cravate, se lève alors et prend congé de Mathilde, qui lui dit :

— Au plaisir de vous revoir, monsieur, et n'oubliez pas votre promesse!...

— Non, madame, je la tiendrai!... Vous pouvez y compter.

Puis Henry s'éloigne et gagne des endroits du Bois moins fréquentés, car il éprouve le besoin de réfléchir, de se dire à lui-même : « Je l'ai revue enfin, cette femme à laquelle je pensais sans cesse!... Elle est toujours aussi belle. Et pourtant il me semble que ce n'est plus la même femme!... que ce n'est pas là cette Mathilde qui me regardait si tendrement!... Aujourd'hui, elle remarque que je n'ai pas un gilet en cœur... La mode! voilà ce qui l'occupe avant tout!... Trois ans suffisent donc pour changer ainsi?... Cette rencontre trouble toutes mes idées... détruit toutes mes illusions. Quand on est longtemps séparé des personnes, dans sa pensée, on les revoit toujours telles qu'on les a quittées!... Quelle faute! et comme le temps se charge de nous désabuser! »

VII

LE JEU

Volenville et son associé se trouvent de nouveau en fonds. Grâce au second versement effectué par Robillot, chacun d'eux cherche à tirer parti de sa position, tout en continuant cette vie de jeu, de festins, de galanterie et de bombance qui est leur élément. Berlingot achète les bouquets les plus gros et loue des loges à tous les théâtres, pour achever de se faire bien venir de la famille Croutmann, à laquelle il ne manque pas d'aller porter ces cadeaux; car il ne perd pas de vue le but qu'il s'est proposé et se flatte qu'on lui accordera la main de la jolie Ketly, dont il compte faire la demande incessamment.

Volenville, non content d'avoir dans sa poche la moitié de l'héritage du marchand de fromages, songe à poursuivre l'heureuse chance qui le favorise, en aidant le jeune comte russe à dépenser sa fortune. Aussi n'a-t-il pas oublié sa promesse; il a revu Arthur de Grainwal, jeune viveur, mais qui du moins perd loyalement son argent. Celui-ci donne une soirée, ou plutôt un punch, car c'est ainsi que ces messieurs appellent les réunions entièrement consacrées au jeu, et dans lesquelles ils invitent rarement des dames, parce que la présence du beau sexe distrait trop les joueurs. Mais aussi, on y joue un jeu d'enfer, et il est rare que, dans une de ces parties de plaisir, deux ou trois des invités n'en sortent pas entièrement ruinés.

Volenville a revu le comte Ladiscof, et ne manque pas à la promesse qu'il lui a faite de le conduire chez Arthur de Grainwal. On a déjà aperçu le jeune Russe dans quelques cercles; on sait qu'il est riche et beau joueur, aussi est-il accueilli avec joie par ces messieurs. Car, dans ces réunions d'amateurs du lansquenet et du baccara, il est bien rare qu'il ne se glisse pas quelque grec, quelque gentilhomme de contrebande qui connaît les moyens de se rendre la fortune favorable.

Mais, pour le comte Agénor, le jeu n'est que le prétexte. Ce qui l'amène dans cette réunion, c'est l'espoir d'y rencontrer cette femme dont il est devenu amoureux, cette madame Astrakan qu'on lui a dit être la maîtresse du maître de la maison. Aussi, en entrant dans le salon, ses yeux n'y cherchent qu'une femme ; et c'est à peine s'il entend les choses obligeantes que lui adresse l'amphitryon. Cependant, son espoir est déçu ; il n'y a pas une seule dame dans la société. Mais il n'est pas encore tard ; il pense qu'elle peut venir, et en attendant accepte une place à une table de bouillotte qui vient de se former.

On joue gros jeu, suivant l'habitude de la maison. Agénor perd presque à chaque coup, mais il est tellement distrait, il porte si souvent les yeux sur la porte du salon, que ceux qui jouent à la bouillotte avec lui sont obligés de lui dire :

— C'est à vous de parler, monsieur !

— On a fait jeu...

— Tenez-vous ou ne tenez-vous pas ?

Alors le jeune Russe répond, sans trop savoir ce qu'il fait :

— Oui, oui, je tiens ! Oh ! je tiens toujours !...

Et, comme il a fort mal fait de tenir, il perd, perd encore ; mais toujours avec une telle facilité, on peut même dire une telle indifférence, que chacun s'écrie :

— Il est difficile d'être plus beau joueur ! Volenville a eu une excellente idée d'amener avec lui ce jeune Russe !... Il perd déjà une vingtaine de mille francs... Oh ! il va très-bien !

Volenville, qui joue au baccara et veut aussi faire la partie du comte, lui crie :

— Lâchez donc un peu la bouillotte, comte ; vous y avez une trop mauvaise chance... il faut changer de jeu.

Agénor se décide à quitter la table, avec d'autant plus d'empressement qu'en ce moment le maître du logis ne joue pas, et qu'il va tâcher de causer avec lui. Après avoir cédé sa place, il s'approche d'Arthur de Grainwal, qui lui dit :

— Vous avez joué malheureusement, monsieur ; est-ce que vous perdez beaucoup ?

— Non, une vingtaine de mille francs... une misère !...

— J'espère que vous prendrez votre revanche à une autre partie.

— Oui, oui... ceci m'inquiète peu !... Mais... vous ne recevez donc que des hommes à vos soirées ?

— Oui, quand c'est un punch, ce qui veut dire soirée et nuit consacrées entièrement au jeu. Vous aimeriez mieux voir quelques dames ici ?

— J'avoue que j'aime beaucoup les dames... Les Françaises sont si aimables, si séduisantes !... elles portent si bien leur toilette !...

— Je conçois. Vous, messieurs les étrangers, cela vous tourne la tête !...

— Est-ce que la vôtre ne tourne pas aussi quelquefois ?... Je crois avoir eu le plaisir de vous apercevoir au spectacle avec une personne... bien jolie !... oh ! plus que jolie !...

— Vraiment ! y a-t-il longtemps de cela ?

— Mais non, pas longtemps... Et cette dame... quand vous vous êtes promenés au foyer, j'ai vu cela... elle a le pied le plus mignon ! le plus charmant !...

— Ah ! c'est Astrakan !... c'est ma maîtresse ! elle a, en effet, la jambe faite au tour... Quant à sa figure, rien d'extraordinaire... seulement un petit air mutin, décidé !... du chic, enfin !...

— Ah ! c'est votre maîtresse !... Je vous en fais mon compliment !... Mais, ayant une si charmante maîtresse, comment ne l'avez-vous pas pour présider à votre soirée ?

— Je comptais bien l'avoir et la présenter à mes amis, car elle vaut la peine qu'on la montre, mais cette dame m'a refusé ; elle n'a pas voulu venir. Oh ! elle est très-singulière et, en cela, ne ressemble pas aux courtisanes à la mode : c'est une bégueule ! Une autre aurait été ravie de venir trôner ici et recevoir les hommages de tous ces messieurs, mais Astrakan, ce n'est pas cela. « Que voulez-vous que j'aille faire parmi tous vos amis ? m'a-t-elle dit. Est-ce que vous voulez me montrer comme la lanterne magique ? Cela ne me convient nullement, je n'irai pas. » Nous nous sommes même quittés fâchés, car son refus m'a déplu.

— Alors, elle ne viendra pas ?

— Oh ! pas du tout !... il n'y a pas de danger qu'elle cède !... Elle a dit non ! c'est fini !...

Agénor se mord les lèvres avec dépit, puis va se mettre à la table où est Volenville, en se disant :

— Alors jouons ! jouons !... cela me distraira... Volenville, tenez-vous six mille francs !

— Tout ce que vous voudrez, cher comte !

— Bravo ! ils sont au jeu.

Le jeune Russe a tellement envie de se distraire qu'il joue avec ardeur, avec frénésie même. On offre à chaque instant des punchs au kirsch, au rhum, au cognac. Ces messieurs ne s'en font pas faute ; cela entretien l'ardeur des perdants, cela consolide la veine de ceux que le sort favorise. Lorsque, par hasard, la chance semble favoriser Agénor, et qu'il gagne quelques coups, il double, triple ses enjeux et ne tarde pas à reperdre bien plus qu'il n'avait gagné. La nuit est avancée ; à trois heures du matin, le jeune comte est en perte de quatre-vingt mille francs, et il n'en a que plus d'ardeur à jouer, car il ne peut croire que la veine lui sera constamment défavorable.

Mais, ainsi que cela se voit souvent, plusieurs de ces messieurs qui ont gagné, ne voulant pas courir la chance de reperdre, se sont éclipsés avec leur bénéfice. A quatre heures du matin, il ne reste plus que le maître de la maison et Volenville pour faire la partie d'Agénor, et encore ne faut-il pas compter sur Arthur de Grainwal, qui s'est jeté sur une causeuse, où il commence à s'endormir.

— Eh quoi ! tout le monde s'en va ? dit le comte. On ne me donnera donc plus de revanche ?...

— Pardon, mon cher comte, dit Volenville ; mais je ne m'en vais pas, moi, je suis là, et toujours prêt à faire votre partie...

— Ah ! c'est bien, cela, vous êtes un brave, vous !... Cependant, je dois vous dire que j'ai perdu tout ce que j'avais sur moi... il faudrait me faire crédit jusqu'à demain, car demain j'irai chez mon banquier redemander des fonds ; et puis j'écrirai en Russie, à mon intendant, qu'il vende quelques propriétés... Ce sera la seconde fois que je lui donnerai cet ordre... car, en Angleterre, j'ai perdu aussi.

— Mon cher comte, je jouerai avec vous et vous ferai tout le crédit que vous voudrez... Oh ! je sais que votre parole vaut de l'or !...

— Merci ; mais dès demain, si je perds, vous aurez votre argent ; les dettes de jeu sont des dettes d'honneur qui, je le sais, se payent dans les vingt-quatre heures...

— J'espère, moi, que la chance vous sera plus favorable... Ces messieurs vous emportent une partie de votre argent, vous allez vous venger sur moi !... Ce sera de bonne guerre. A quel jeu voulez-vous que nous jouions ?

— A l'écarté, cela vous va-t-il ?

— Parfaitement !... tous les jeux me vont... Va pour l'écarté !

On se remet à une table ; on prend des jeux de cartes neufs, et le jeune Russe, qui veut absolument se rattraper, dit à Volenville :

— Cinq mille francs en cinq points... cela vous va-t-il ?

— Très-volontiers. Je tiens les cinq mille francs !

La partie s'engage, mais les cartes favorisent toujours Volenville ; il a sans cesse dans son jeu le roi et des atouts.

— Quitte ou double ! dit Agénor qui a perdu.

— C'est entendu, mon cher comte.

Le cher comte perd également la seconde partie.

— Je vous dois dix mille francs, dit-il d'une voix un peu altérée par l'émotion ; car si beau joueur que l'on soit, il y a cependant de ces déveines qui lassent la patience du plus stoïque.

— Voulez-vous encore quitte ou double ?

— A vos ordres !... Jouons les vingt mille francs.

Agénor continue de perdre. Il se frappe le front en s'écriant :

— C'est inconcevable ! je ne gagnerai donc pas une partie ?... Je vous dois quarante mille francs... Eh bien ? jouons-en encore vingt....

— Encore vingt ?... Ils sont tenus !

Les autres vingt mille francs sont perdus comme les précédents. Alors le jeune Russe quitte la table en disant :

— Il faut que je m'arrête, car je vous dois soixante mille francs, et, si je perdais plus, mon banquier n'aurait peut-être plus assez de fonds à mon crédit... Demain, monsieur de Volenville, veuillez bien vous trouver à midi au café Anglais, et j'acquitterai ma dette. Ah ! si du moins j'avais vu ici cette femme qui m'a tourné la tête !... mais elle n'y est pas venue...

— Consolez-vous, mon cher comte, je vais vous donner, moi, un moyen de la rencontrer. J'ai questionné aussi Arthur sur sa nouvelle maîtresse, dont chacun lui fait compliment ; je lui ai dit que ce n'était pas aimable à lui de ne point nous l'avoir fait connaître dans cette réunion, et il m'a répondu : « Mon cher, Astrakan adore le spectacle, surtout l'Opéra ; il est rare que nous manquions deux représentations. Venez-y de votre côté, vous nous y trouverez ; vous viendrez causer dans notre loge et vous verrez tout à votre aise ma nouvelle conquête. »

— En vérité ?... Il la mène souvent à l'Opéra... et on peut aller lui parler dans sa loge ?

— Parfaitement ! puisque lui-même m'y a engagé...

— Et je pourrai aussi aller le saluer ?...

— Il sera enchanté de vous revoir...

— Ah ! c'est charmant !... Je ne manquerai plus une représentation de l'Opéra... Merci, cher monsieur, merci... à demain !...

Le jeune Russe s'en va transporté de joie, et ne songeant plus à la perte énorme qu'il a faite au jeu.

Volenville ne juge pas nécessaire de réveiller Arthur de Grainwal, qui s'est endormi sur la causeuse. Il s'en va, monte dans un fiacre qui stationnait à la porte et se fait conduire chez lui. Là, avant de se coucher, il ne peut résister au désir de connaître l'état de ses richesses. Il visite sa caisse, son portefeuille, ses goussets qui sont remplis d'or. Il est ébloui lui-même de sa position. Avec l'argent de Robillot et ce qu'il a gagné dans la soirée, il a, en or et en billets, soixante-douze mille francs ; et, le lendemain, il est certain de toucher les soixante mille francs que le jeune Russe lui doit.

Il se frotte les mains, jette de côté des paperasses entassées sur son bureau, en se disant :

— Maintenant, au diable l'homme d'affaires !... Je ne dois plus songer qu'à jouir de la vie !... Il est vrai que ce fut presque toujours là ma première occupation ! Oui, mais jamais je ne me suis trouvé dans une aussi belle passe !... Le pauvre petit comte ! comme il a été *nettoyé* !... J'ai à moi, en ce moment, cent trente-deux mille francs !... Avec cela et de l'adresse, on devient millionnaire. On peut satisfaire tous ses souhaits !... Quel dommage de n'avoir pas quelqu'un à aimer réellement !... car, ces dames qui vous aiment pour vos cadeaux, je sais très-bien que ce n'est pas là de l'amour. On prend celui-là faute de mieux !... Ah ! si j'avais eu un fils !... comme j'aurais voulu qu'il fût heureux !...

Et Volenville se couche, en murmurant encore :

« Ah ! si j'avais eu un fils !... J'aurais fait son bonheur... et j'aurais quelqu'un à aimer. »

VIII

A L'OPÉRA

Quelques jours après cette soirée, c'était représentation à l'Opéra ; et, dans une loge de rez-de-chaussée, trônait une jeune femme aussi remarquable par son élégance, par ses beaux diamants, que par le charme ou plutôt l'esprit qui animait sa physionomie, et donnait à ses yeux un attrait tout particulier, un cachet tout à fait original.

Les lorgnettes des hommes étaient braquées sur cette loge, et on entendait ces messieurs se dire, en se montrant la personne qui l'occupait :

— C'est Astrakan ! la beauté en vogue en ce moment !

— Astrakan ! qu'est-ce que c'est qu'Astrakan ?

— Cette jolie femme que vous voyez là-bas...

— D'où sort-elle, celle-là ?

— Pardieu ! mon cher, vous faites là une drôle de question ! Eh ! qu'importe d'où elle sort ! Le principal, c'est qu'elle est charmante... on ne lui demande pas autre chose !... Est-ce que vous vous êtes jamais enquis des ancêtres d'une courtisane ? Après tout, elle sort de la côte d'Adam comme les autres !...

— Messieurs, ce qui ajoute aux charmes de celle-ci, c'est une taille de nymphe, et un pied, une jambe, dignes de servir de modèle !

— Avec qui est-elle ?

Voyez-vous, mon cher monsieur, il y a cocotte et cocotte... Page 23.

— Avec Arthur de Grainwal.

— Il se ruinera pour elle, s'il lui donne tous les diamants qu'elle porte...

— Ils viennent pour la plupart de lord Rigfort, l'Anglais qui le précédait. Ensuite, de tous côtés, elle reçoit de riches présents, et le plus piquant, c'est qu'il paraît qu'elle n'accorde rien à ceux qui les lui font. Elle a dit à plusieurs de ses soupirants : « Messieurs, je veux bien recevoir vos cadeaux, mais ne croyez pas que je vous céderai davantage pour cela !... Du moment qu'on ne me plaît pas, tous les trésors du Pérou ne me feraient pas changer de langage !... »

— Ah ! voilà qui est original !

— Eh ! mon cher, c'est justement là ce qui accroît la vogue de cette dame !... On sait qu'il est très-difficile de triompher d'elle, par conséquent, c'est à qui en triomphera ! Des difficultés à vaincre, cela donne bien plus de prix à une conquête !... et malgré le peu de cas qu'elle semble faire des présents qu'on lui envoie, c'est à qui se montrera le plus généreux, le plus magnifique pour l'éblouir.

— Du train dont vont les choses, si cette petite femme-là ne jette pas l'argent par les fenêtres, comme la plupart de ces dames galantes, avant deux ans elle aura une belle fortune !...

— On dit qu'elle était danseuse figurante dans un petit théâtre !

— C'est possible, mais nous avons de grandes célébrités artistiques qui sont parties de plus bas. Pour le moment, le plus acharné à la conquête de madame Astrakan, celui qui a juré qu'elle serait sa maîtresse et qui ne doute pas de parvenir à toucher son cœur, ou d'arriver à l'éblouir par la richesse de ses présents...

— C'est encore un Anglais, je gage?

— Non, c'est un Français; c'est le riche banquier Cramoisan !

— Cramoisan !... Est-ce qu'il n'est plus avec la belle Primerose ?

— Eh ! qu'importe Primerose !... Ce monsieur n'a pas l'habitude d'être plus fidèle à ses maîtresses qu'à sa femme. Mais, cette fois, il est piqué au jeu ! Il rencontre une cruelle, il en est tout surpris !...

— Il est fort riche, ce Cramoisan ?

— On le dit; mais on dit tant de choses! Ce qu'il y a de certain, c'est qu'il donne des fêtes splendides !...

Cette conversation avait lieu à l'orchestre. Volenville vient d'y entrer. Il entend causer de madame Astrakan; il écoute, puis dirige ses regards vers la loge dans laquelle Arthur de Grainwal est avec sa maîtresse. Il lorgne à son tour cette beauté qui fait tant parler d'elle. Alors il n'est pas maître d'un mouvement de surprise, il ne peut d'abord en croire ses yeux... mais, dans cette dame si élégante, il lui semble bien retrouver Claudinette, la jeune fille qui était venue à son cabinet d'affaires pour tâcher de trouver à se placer.

Pressé de savoir s'il ne se trompe point, Volenville quitte aussitôt l'orchestre et court se faire ouvrir la loge dans laquelle est Grainwal. Il entre et demeure assez indécis. Mais déjà Arthur lui a tendu la main et la jolie femme part d'un éclat de rire, en disant :

— Tiens! monsieur de Volenville !...

Alors celui-ci ne peut plus conserver de doute, il salue tout radieux et murmure :

— Enchanté, madame, d'avoir le bonheur de vous rencontrer... Ma foi ! je ne m'y attendais pas !...

— Ah! vous vous connaissez? dit Arthur.

— Oui, mon ami; c'est chez monsieur que j'étais allée pour trouver une place lorsque j'arrivai à Paris... Je venais alors de mon pays, de Beauvais... et au lieu de chercher à me placer, monsieur a voulu me faire la cour... Ah! ah! ah!... n'est-ce pas, monsieur de Volenville, que c'est la vérité?

L'homme d'affaires fit une drôle de mine, tout en répondant :

— Vous n'étonnerez personne, madame, en disant que l'on vous a fait la cour?...

— Non, vraiment ! et je trouve cela tout naturel. Allons, puisque vous vous connaissez, je vous laisse causer ensemble et renouveller connaissance. Moi, je vais faire un tour au foyer.

Le jeune homme est sorti de la loge. Volenville s'assied alors près de la femme à la mode, qu'il ne peut se lasser de contempler; si bien que cela impatiente celle-ci, qui lui dit :

— Quand vous aurez fini de me regarder comme une pièce curieuse, cela me fera plaisir.

— Mon Dieu ! belle dame, mon étonnement ne devrait cependant pas vous paraître surprenant; vous êtes maintenant si différente de ce que vous étiez... il y a tout au plus quatre mois! Pouvais-je me douter que dans cette femme, qui porte si bien une toilette ravissante, je retrouverais cette jeune fille qui est venue me demander un emploi ?...

— Je croyais qu'à Paris vous étiez habitué à de tels changements? Vous vous étonnez que je sache porter une toilette à la mode? Vous m'aviez donc cru bien niaise ?...

— Vous, niaise !... Oh ! non, je n'ai jamais cru cela ! Non, je vous avais bien jugée au contraire en disant que vous feriez aisément fortune. Vous le rappelez-vous, mademoiselle Claudinette?

La jeune femme fait un brusque mouvement pour s'éloigner de Volenville, et lui répond d'un ton sec et impérieux :

— Monsieur, je vous défends de m'appeler Claudinette !... Il n'y a qu'un seul homme, un seul, auquel je donne le droit de me nommer ainsi ; mais vous, je vous répète que je vous le défends !... Et vous devez bien voir que ce n'est pas une sotte vanité qui me fait vous dire cela. Je ne cache pas ce que j'étais, vous avez pu entendre tout à l'heure, que, devant Arthur, je n'ai pas rougi de mon passé, puisque moi-même je lui ai dit comment et pourquoi j'avais été chez vous. Mais ce n'est pas une raison pour que je vous permette de m'appeler de ce nom de jeune fille...

— Ne vous fâchez pas, madame, ne vous fâchez pas. En vous donnant votre petit nom de baptême, celui sous lequel vous vous êtes présentée chez moi, en vérité, je ne croyais pas vous offenser... surtout ainsi que vous venez de le dire, vous ayant entendu tout à l'heure, devant Arthur, rappeler ce passé que vous paraissez vouloir oublier avec moi.

— Je ne veux rien oublier... j'ai une excellente mémoire... mais, il y a des choses... que je n'ai pas besoin de vous expliquer; car, après tout, cela ne vous regarde pas.

Volenville rit, tout en répondant :

— Vous êtes toujours charmante, même quand vous dites des méchancetés !

— Je ne sais peut-être dire que cela !...

— Mais, puisque vous avez une si excellente mémoire, vous devez vous rappeler que je vous ai dit que je vous adorais, et que je voulais mettre ma fortune à vos pieds?...

— Ah ! ah ! j'ai bien dans l'idée que, lorsque vous m'avez dit cela, votre fortune n'aurait pas tenu beaucoup de place à mes pieds !...

— Vraiment ?... Eh bien, c'est la vérité, je vois que vous avez aussi le don de deviner. Mais, puisque vous avez ce pouvoir, vous devez savoir que maintenant ma position n'est plus la même, que je suis aujourd'hui riche, très-riche... que je puis satisfaire toutes fantaisies et que...

— Assez ! assez, de grâce !... mon cher monsieur de Volenville, vous perdez votre temps ! Je n'ai pas voulu vous écouter quand je n'étais qu'une pauvre fille... je ne vous écouterai pas davantage à présent que je suis ce que vous appelez une cocotte à la mode !... Voyez-vous, mon cher monsieur, il y a cocotte et cocotte, comme il y a fagot et fagot... Ah ! ah !... la comparaison n'est pas élégante... mais j'ai pris l'habitude de dire tout ce qui me passe par la tête et, depuis que je parle à tort et à travers, on me trouve infiniment d'esprit; moi, que l'on trouvait toute simple à Beauvais! Voyez comme j'ai bien fait de venir à Paris !... Je suis une cocotte, qui, lorsqu'on ne lui plaît pas, ne fait au-

un cas de l'argent... Or, vous ne me plaisez pas...
Comprenez-vous ?

— Si bien, belle dame, que je vous tire ma révérence.

Volenville salue la jolie courtisane et quitte la loge, très-piqué de l'accueil que l'on a fait à ses déclarations ; mais connaissant assez les femmes pour ne plus avoir envie de reparler d'amour à madame Astrakan, et se disant, ce qu'un homme se dit toujours lorsqu'il n'a pas réussi près d'une belle :

— Après tout, elle n'est pas bien jolie !... Et je ne sais vraiment pas pourquoi les hommes sont assez bêtes pour être tous amoureux de cette femme-là.

Dans un corridor, le comte Ladiscof se jette presque dans les bras de Volenville, en s'écriant :

— Ah ! mon ami, elle est ici... je vous ai aperçu tout à l'heure dans sa loge. Venez, je vous en prie, rentrez-y avec moi ; vous allez me présenter à madame Astrakan.

— Que je retourne dans sa loge !... Non, vraiment, Dieu m'en garde ! Allez-y, mon cher comte, allez-y sans moi, vous n'en serez que mieux reçu.

— Comment ! vous ne voulez pas me présenter ?...

— Vous présenter !... Est-ce que vous croyez avoir affaire à une véritable grande dame?... Avec les Astrakan et autres, on peut se présenter tout seul ; surtout quand on a vos avantages...

— Vous croyez que je puis aller seul !... Mais monsieur de Grainwal n'est pas dans la loge avec elle...

— Raison de plus ! vous pourrez causer tout à votre aise. Pardon, cher comte, mais j'aperçois là-bas quelqu'un à qui j'ai un mot à dire.

Volenville s'éloigne. Agénor reste un moment dans le corridor, ne sachant s'il ira ou non, seul dans la loge : tout à coup un bras se glisse sous le sien : c'est Arthur de Grainwal qui l'entraîne avec lui, en lui disant :

— Que faites-vous là ?... Vous désiriez voir chez moi ma jolie maîtresse : elle est là, dans ma loge ; venez donc que je vous présente à elle... avec Astrakan, il faut profiter de l'occasion.

Agénor est enchanté ; il se laisse emmener, et bientôt il est devant cette femme qui lui tourne la tête et qu'il salue même se plaindre.

— Madame, permettez-moi de vous présenter monsieur le comte Agénor Ladiscof, qui a quitté la Russie pour venir manger sa fortune à Paris, mais qui la dépense noblement ! Monsieur est un des plus beaux joueurs que je connaisse ; dernièrement, chez moi, il a essuyé une déveine accablante, mais il l'a supportée sans même se plaindre.

— C'est donc bien amusant de se ruiner ? dit Claudinette en attachant ses regards sur le jeune Russe.

Celui-ci se sent rougir et balbutie :

— Ce qui est amusant, c'est de jouer... on ne se ruine pas toujours !

— C'est égal, monsieur, je trouve que les hommes sont bien sots de risquer ainsi leur fortune sur des cartes !...

— Ah ! bon ! dit Arthur, voilà madame qui va nous faire de la morale !... Mais tu perds ton temps, chère amie, les hommes ont toujours été joueurs !... c'est un défaut qu'ils ont en venant au monde !... A peine peuvent-ils marcher qu'ils jouent aux billes, aux bouchons, aux quilles... plus tard, ils veulent gagner l'ar-

gent de leurs amis... puis enfin ils courent après la fortune...

— Qu'ils n'attrapent jamais en jouant !

— Mais si, quelquefois ils font sauter la banque à Bade, à Hombourg, à Monaco... quand ce n'est pas la banque qui saute, alors ce sont eux qui se font sauter la cervelle !...

— Quelle sottise !... Est-ce que vous jouez aussi en Russie, monsieur ?

— Oui, madame, beaucoup,

Ma chère Astrakan, si tu peux me trouver un pays... un petit endroit où l'on ne joue pas, je te promets de t'y conduire en ballon. Depuis ma soirée, comte, avez-vous été plus heureux ?

— Depuis... je n'ai pas joué... je suis si occupé d'un autre objet...

— Ah ! un amour en tête ?

— Oui . oui... en tête et au cœur !

— Très-bien, cela, monsieur le comte ! dit Claudinette. De l'amour, à la bonne heure, voilà une occupation agréable !

— Mais qui ruine également ! dit Arthur en riant. Et, votre belle, répond-elle à votre flamme ?

Agénor jette des regards furtifs sur la jeune femme et balbutie :

— Elle ne sait pas... je ne lui ai pas encore déclaré mon amour.

— Oh ! diable ! c'est tout nouveau, alors... Déclarez-vous, mon cher, parlez hardiment !... montrez-vous audacieux, vous savez le vers : Audaces fortuna juvat !

— Mais, moi, je vous avouerai que je suis très-timide avec les femmes...

— Oh ! défaites-vous de ce défaut-là... Il vous fera manquer une foule de bonnes fortunes. Mais, pardon, je vous ai entraîné ici, sans savoir si vous n'aviez pas affaire ailleurs... je vous rends votre liberté, comte, allez rejoindre ou surveiller votre belle, qui probablement est ici ; allez, et que Cupidon vous soit favorable !

Agénor ne sait que répondre, mais il pense qu'il ne doit pas rester davantage. Il bredouille quelques mots sans suite et quitte la loge, après avoir jeté un dernier regard sur madame Astrakan.

Lorsque le jeune Russe est parti, Claudinette dit à Arthur :

— Tu crois que tu l'envoies rejoindre ses amours?

— Oui, est-ce que je me trompe ?

— Complètement ! Pauvres hommes ! vous ne voyez pas ce que nous devinons sur-le-champ, nous autres !

— Ah ! il y avait donc quelque chose à deviner ?

— Mais assurément... un jaloux l'aurait vu peut-être ; mais, toi, tu n'es pas jaloux !... Sais-tu de qui ton seigneur russe est amoureux ?

— Ma foi, non !

— Eh bien, c'est de moi.

— De toi ?...

— Oui, de moi ; ah ! tu n'as pas vu quels regards il me lançait... tu n'as pas entendu les soupirs qu'il étouffait en approchant sa main de mon bras !... J'ai compris tout cela sur-le-champ !...

— Diable ! Mais tu me donnes des craintes !... Il est bien, ce jeune homme ! Il a tout ce qu'il faut pour séduire !...

— Rassure-toi ! il ne me séduira pas. Il a l'air fat, et je ne crois pas que ce soit un génie... Tu as vu, il n'a rien trouvé à nous dire...

— Ah! s'il faut être un génie pour te plaire !... je me demande comment j'ai pu faire ta conquête... Explique-moi donc cela !

— Tais-toi ! il y a de ces choses que nous gardons au fond de notre cœur et qui ne s'expliquent jamais !...

— Je n'insiste pas. Je craindrais que l'explication ne tournât pas à mon avantage.

Un acte de l'opéra se joue. A l'entr'acte qui suit, Arthur sort de la loge, suivant son habitude ; à peine l'a-t-il quittée qu'un monsieur se la fait ouvrir, y entre précipitamment et s'assied le plus près possible de madame Astrakan, qui a vivement retourné la tête et s'écrie :

— Monsieur Cramoisan ! Ah çà, on s'est donc donné le mot, ce soir ? c'est la course aux amoureux !

— Bonsoir, charmante, divine enchanteresse !... Vous avez reçu ma petite broche en diamants ?

— Votre petite broche est magnifique !... Oui, je l'ai reçue ; mais vous savez, mon cher banquier, ce que je vous ai dit : Je veux bien recevoir vos cadeaux, puisque vous tenez tant à m'en faire, mais cela ne vous avancera nullement dans vos amours. Je ne veux pas être votre maîtresse !...

— Oh ! vous ne serez pas toujours si cruelle !... Je triompherai de vos rigueurs...

— Jamais !

— Vous savez bien qu'il ne faut dire ni jamais, ni toujours !...

— Moi, quand j'ai dit une chose, je la fais !

— Vous finirez par être sensible à ce que je ferai pour vous plaire... Savez-vous bien que je suis capable de mettre un million à vos pieds ?...

— Un million !... ah ! quelle folie !...

— Rien ne me coûte quand je veux réussir !... Vous voyez bien, le million vous fait réfléchir déjà...

— C'est-à-dire que je n'y crois pas...

— Je vous forcerai bien à y croire. Sans adieu, femme céleste !... Je vous répète que vous serez à moi.

— Non ! mille fois non !...

— Si ! mille fois si !

Et Cramoisan sort de la loge aussi vivement qu'il y est entré.

IX

DEMANDE EN MARIAGE

Berlingot s'est fait superbe, il embaume, il exhale sur son passage les parfums les plus recherchés. Il est monté dans un joli cabriolet qu'il loue au mois, depuis que le marchand de fromages a fait son second versement, et il se fait conduire chez les Croutmann, pour y demander la main de la jolie Ketly. La famille alsacienne a vu son bel appartement, ses commis, son groom ; elle a même vu de ses clients : braves campagnards, faits pour inspirer la confiance ; il doit donc avoir toutes les chances pour être accepté et obtenir ce qu'il convoite depuis longtemps : la demoiselle et sa dot de trois cent mille francs ; à la rigueur, il prendrait bien la dot sans la demoiselle, mais l'une ne va pas sans l'autre.

M. Croutmann était seul chez lui, lorsque sa bonne lui annonce la visite de M. Berlingot. Le bon Alsacien va au-devant du beau gandin et lui serre la main :

— Bonjour, mon cher monsieur Berlingot. Ah ! parbleu, vous arrivez bien ; j'étais tout seul et je m'ennuyais.

— Ah ! ces dames sont sorties ?

— Oui, elles sont allées chez une nouvelle couturière, histoire de robes, d'étoffes à choisir ; on me proposait d'y aller aussi, mais ces conversations sur la toilette ne m'amusent pas, j'ai préféré rester ici.

— Eh bien, monsieur Croutmann, je ne suis pas fâché de cette circonstance ; car j'ai à vous parler d'une affaire grave, importante, et il vaut peut-être mieux que je m'explique d'abord en tête-à-tête avec vous...

— Une affaire grave... oh ! voyons cela, mon cher ami ; mais avant tout, vous allez prendre quelque chose...

— Merci !

— Oh ! si fait ! un petit verre de rhum, mais du vrai... pas de celui que M. Tourbillon m'a fait acheter !... Je vous dirai que mon propriétaire, qui est extrêmement obligeant, dès que je manifeste le désir d'avoir quelque chose, soit vins, liqueurs ou conserves, s'écrie : « Je vous aurai cela, ne vous en occupez pas ! je vous aurai cela première qualité !... Je connais tous les meilleurs débitants. » Et il se trouve ensuite que tout ce qu'il m'achète est fort mauvais... ma femme croit que les vins fins et les liqueurs que Poussinet nous apporte, comme achetés par son maître, sortent tout bonnement de la cave de ce dernier...

— Cela ne m'étonnerait pas. Après l'histoire des vieux fauteuils, des meubles dépareillés, M. Tourbillon veut placer ses vieilles bouteilles !... Je vous engage à ne pas accepter les offres obligeantes de ce monsieur.

Le rhum est apporté, servi, les petits verres sont vides. Alors Croutmann dit :

— Voyons maintenant cette affaire importante, je vous écoute.

— Monsieur Croutmann, je vais droit au but : vous avez une fille charmante, adorable ; j'en suis passionnément amoureux et je viens vous demander sa main...

— Ah ! oui-da, mon jeune ami, voilà peut-être me surprendre, en me disant cela ?... Mais pas du tout, je vous avais deviné, et je m'y attendais.

— Quoi ! vraiment... vous aviez deviné mon amour pour la belle Ketly ?

— Comme c'est malin !... Votre galanterie, vos bouquets, vos loges de spectacle, vos petits soins... est-ce qu'il fallait croire que c'était pour faire la conquête de ma femme que vous agissiez ainsi ?

— Ah ! monsieur Croutmann, vous aviez bien lu dans mon cœur ! Et puis-je espérer que ma demande...?

— Votre demande me va : vous êtes un gentil garçon, bien établi, vous avez une belle maison de commerce... Combien gagnez-vous par an l'un dans l'autre ?

— Mais, pour ma part, j'ai toujours de vingt-cinq à trente mille francs, c'est le moins, et cela ne peut qu'augmenter.

— Très-bien. Moi, vous savez que je donne en dot à ma fille trois cent mille francs comptant...

— Est-ce que vous les avez à Paris ?

— Oui, mais j'ai déposé cette somme à la Banque ; je n'aurais pas voulu la garder chez moi.

— Vous avez très-bien fait. Croyez bien que ce n'est pas la dot de mademoiselle votre fille qui me tente... C'est d'elle, avant tout, dont je suis épris !...

— Oui, oui, vous en êtes amoureux, c'est fort bien !

Mais une belle dot ne gâte jamais rien, et je suis bien aise que ma fille se présente à son mari avec une riche dot...

— Ainsi donc, cher monsieur Croutmann, ma demande vous agrée... vous m'acceptez pour gendre ?

— Je vous répète que vous m'allez...

— Ah! que je suis heureux! quel fortuné destin m'est promis!... Épouser la divine Ketly!... la joie... le plaisir... laissez-moi vous embrasser, cher beau-père!...

— Hé bien! hé bien! il devient fou, je crois!... Calmez-vous, mon ami, et remarquez bien que la chose n'est pas encore faite!... J'ai dit oui, moi; ma femme, je le crois bien, ne me contredira pas; mais il y a ma fille, il y a Ketly, dont il faut avoir aussi le consentement, car ça la regarde encore plus que nous!... Et, si elle vous refusait, il n'y aurait rien de fait.

— Ah!... Et vous pensez que mademoiselle votre fille peut me refuser?...

— Je ne pense pas, mais pourtant cela se pourrait... les jeunes filles sont si bizarres, si capricieuses!...

— Mais, dans ce cas-là... un père peut faire usage de son autorité, lorsqu'il est certain que plus tard sa fille l'en remerciera...

— Oh! mon cher ami, l'autorité, nous ne voulons pas en venir là, nous autres; des conseils, à la bonne heure, nous lui en donnerons, et de bons!... Mais, après tout, pourquoi ma fille vous refuserait-elle? Vous êtes jeune, gentil, à la mode; vous aimez les plaisirs, vous ne cherchez qu'à lui en procurer, vous ferez un mari charmant!...

— Ah! monsieur Croutmann!... dites-lui tout cela!

— Soyez tranquille: il vaut bien mieux que vous m'ayez parlé d'abord; je ferai part de votre proposition à Ketly, et, vous n'étant pas là, elle sera bien plus à son aise pour répondre et nous laisser lire dans son cœur.

— C'est juste; oui, cela vaut mieux en effet. Alors je vous quitte. Vous parlerez à mademoiselle votre fille, et demain j'aurai votre réponse?

— C'est cela même. Demain, trouvez-vous à midi au café où l'on prend de si bon chocolat... au coin du boulevard et de la rue Poissonnière...

— Ah! chez Provost!... c'est entendu. J'y serai. Je remets ma cause entre vos mains.

Berlingot est parti et Croutmann attend avec impatience le retour de sa famille. Ces dames ne tardent pas à rentrer.

— En votre absence, mesdames, j'ai reçu une visite, dit Croutmann; et une visite importante... intéressante!

— En vérité, Werther? Et qui donc est venu?

— M. Berlingot.

— M. Berlingot! s'écrie Ketly, et c'est là ce que mon père trouve intéressant!... Comme cela ne m'intéresse pas du tout, moi, je rentre dans ma chambre.

— Non, non, il faut que tu restes, ma fille, car cette visite t'intéresse plus que tu ne penses... Assieds-toi, ainsi que ta mère...

— Mon Dieu, Werther, quel air grave tu prends!

— C'est que le sujet en vaut la peine, Gotlieb.

Ketly se sent tout émue, elle pressent maintenant quelque chose de fatal. Elle s'assied en tremblant devant son père.

— Oui, mesdames, M. Berlingot est venu... et m'a officiellement demandé la main de ma fille.

Ketly pâlit puis s'écrie:

— Eh bien, mon père, que lui avez-vous répondu?

— Que cette demande m'agréait et que je ne voyais pas d'obstacle à ce mariage...

— Ah! jamais! jamais, mon père!... Moi, épouser M. Berlingot... mais je ne l'aime pas... mais je le déteste, cet homme!... Ah! je ne serai jamais sa femme! Vous ne me contraindrez pas, vous ne voudriez pas faire le malheur de votre fille!... Maman, je vous en prie, parlez donc pour moi à mon père; dites-lui bien que je ne veux pas épouser ce monsieur!

Le papa Croutmann semble consterné, Gotlieb est surprise d'entendre sa fille se prononcer ainsi; mais elle s'empresse d'aller embrasser Ketly, qui verse déjà de grosses larmes, en lui disant:

— Allons, allons, calme-toi, mon enfant, ne te fais pas ainsi du chagrin; ne sais-tu pas que tes parents t'aiment et qu'ils ne voudront jamais te faire de la peine?.. N'est-ce pas, Werther, que tu ne veux pas contraindre ta fille à épouser ce monsieur, s'il lui déplaît?

Werther est de mauvaise humeur, il murmure:

— Non, sans doute, je ne la contraindrai pas... mais cependant je voudrais savoir pourquoi elle refuse ce jeune homme... qui a tout ce qu'il faut pour plaire! Voyons, ma fille, est-ce que tu aimes une autre personne?

Ketly baisse les yeux, en balbutiant:

— Non, mon père... je n'ai pas dit cela...

— Alors, tu m'étonnes... ce jeune Berlingot est charmant, galant, riche...

— En êtes-vous bien sûr, mon père?

— Mais tu as pu voir, ainsi que nous, le train de sa maison... ces bons campagnards qui sont venus à l'improviste lui apporter des fonds à faire valoir prouvent la confiance que l'on a en sa capacité... Les jeunes filles ne réfléchissent pas assez... elles disent vivement un: non! et s'en repentent après. Donne-toi le temps de réfléchir, à la bonne heure!... Je puis répondre à M. Berlingot que tu ne veux pas encore te marier... que tu te trouves trop jeune... qu'il faut qu'il attende un peu...

— Dites-lui cela, si vous voulez, mon père; mais, plus tard comme aujourd'hui, ma réponse sera la même: je n'épouserai jamais ce monsieur.

Croutmann est très-contrarié. Il prend son chapeau tout en murmurant:

— Hum! ces jeunes filles!... c'est quelquefois pour aimer un homme qui n'a pas le sou qu'elles refusent un bon parti... Mais nous verrons... nous verrons...

Le papa sorti, Ketly se jette dans les bras de sa mère, qui lui dit:

— Je ne veux jamais forcer ton choix, ma fille, mais je t'avoue que je suis très-étonnée de te voir repousser si formellement ce M. Berlingot, qui est vraiment un charmant cavalier.

— Je vous assure, maman, que je le déteste...

— Tu le détestes!... mais ton père a dit en sortant quelque chose qui m'a donné à réfléchir... Est-ce que tu en aimerais un autre!...

— Ah! maman!...

— Nous ne recevons guère ici que M. Berlingot et M. Henry Demarsay... Voyons, parle sans crainte...

ouvre-moi ton cœur... Aimerais-tu notre voisin l'avocat ?

Ketly baisse les yeux, cache sa figure dans le sein
de sa mère et murmure bien bas... mais une mère entend toujours :

— Mon Dieu ! je ne puis pas aimer toute seule ce
monsieur... puisqu'il ne m'a jamais dit qu'il m'aimait,
lui. Oh ! mais je voudrais bien qu'il me le dise ! ...

— Ketly, je crois que tu as tort de penser à ce jeune
homme, car je gagerais bien qu'il ne pense pas à toi...

— Pourquoi donc gageriez-vous cela, maman ?

— Parce que rien en lui n'annonce un amoureux !...
Ensuite, comme parti, il est bien loin de valoir l'autre...
Il est avocat, dit-il ; mais il me semble si peu s'occu-
per de son état !...

— Si, maman, depuis quelques jours il s'en occupe
davantage ; il va au Palais très-souvent...

— Ah ! tu sais cela, toi ?

— Je l'ai entendu dire... à Poussinet.

— C'est égal, ce serait aux yeux de ton père un
pauvre parti pour toi ...

— D'ailleurs, puisque vous êtes sûre que ce monsieur ne m'aime pas !... Mais n'importe ! je ne veux pas
être la femme de ce M. Berlingot.

— Si tu le détestes !... Ah ! j'ai oublié de dire à la
couturière que je voulais que mon corsage fût soula-
ché avec du jais... il faut que j'y retourne. Viens-tu
avec moi, Ketly ?

— Oh ! non, maman, je ne suis pas en train de sortir. Allez-y sans moi, j'aime mieux rester à la maison.

— Comme tu voudras... mais ne te chagrine plus,
surtout !

— Je tâcherai.

La maman est partie. Ketly, demeurée seule, pense,
vous devinez bien à qui et à quoi ? mais la sonnette
s'est fait entendre, et bientôt c'est Henry Demarsay qui
entre dans le salon.

A sa vue, la jeune fille sent son cœur se gonfler d'é-
motion et de plaisir. Il lui semble qu'il a deviné sa
peine et vient pour la consoler ; elle se lève en balbutiant :

— Ah ! c'est vous, monsieur Henry ?...

— Oui, mademoiselle, je venais m'informer de votre
santé et de celle de votre chère famille... Est-ce que
vous êtes seule ?

— Oui, toute seule, mes parents sont sortis...

— Alors je suis peut-être indiscret en restant ?... Je
vous dérange... je reviendrai plus tard...

— Oh ! non, non ; je vous en prie, ne vous en allez
pas ; car, moi, je suis bien contente de vous voir... et
puis .. je voudrais vous consulter... vous demander
conseil...

— Oh ! alors, je reste... je suis tout à votre disposition.

Et le jeune homme va s'assseoir à côté de Ketly, dont
l'émotion augmente, mais qui se sent bien heureuse.

— Voyons, mademoiselle, sur quoi désirez-vous me
consulter ? dit Henry. La jeune fille rougit et garde le
silence ; il attend un moment, puis reprend :

— C'est donc quelque chose d'embarrassant à dire...
mon Dieu ! mais je m'aperçois que vos yeux sont rou-
ges... comme si vous aviez pleuré... Auriez-vous quelque chagrin ? Ah ! parlez, parlez vite...

Ketly balbutie :

— Oui, j'ai beaucoup de chagrin...

— Et qui donc peut vous en faire ?... ce ne sont pas
vos parents, qui vous adorent !...

— C'est égal ! ils m'adorent... mais ils me font du
chagrin !...

— Je ne vous comprends pas.

— Ils veulent me marier...

— Vous marier !... Mais c'est assez naturel...

— Vous trouvez que c'est naturel ?...

— Et l'idée du mariage vous déplaît ?

— Oh ! ce n'est pas le mariage qui me déplaît... si
c'était avec quelqu'un de mon choix... quelqu'un que
j'aimerais... cela ne me ferait pas de chagrin !...

— Alors c'est qu'on veut vous faire épouser quelqu'un que vous n'aimez pas ?...

— Oui, c'est cela... quelqu'un que je déteste... tandis que...

— Tandis que...?

— Mon Dieu... je crois que je me brouille... Je ne
sa . plus ce que je voulais dire...

— Remettez-vous... Calmez-vous...

Et Henry prend une des mains de la jeune fille, qu'il
presse amicalement dans la sienne : ce qui augmente
l'émotion de Ketly, au lieu de la calmer. Mais elle se
garde bien de retirer sa main. Au bout d'un moment,
elle reprend :

— Enfin, on veut me marier à M. Berlingot...

— Berlingot !... s'écrie Henry. Et il fait un mouvement si violent qu'il quitte la main qu'il tenait.

— On veut vous marier avec Berlingot !... Ah ! mademoiselle, n'épousez pas cet homme !... Refusez ! refusez !...

Ketly est enchantée, elle saute de joie sur sa chaise
en s'écriant :

— N'est-ce pas !... J'ai raison... Vous ne voulez pas
que je l'épouse, vous !... Ah ! que je suis contente !...
Ah ! si vous saviez quel plaisir vous me faites en disant
cela !...

— Mais, mademoiselle, c'est dans votre intérêt que
je le dis ; ce Berlingot n'est pas digne de vous ! Il se
donne pour ce qu'il n'est pas... il trompe effrontément
votre père...

— Tant mieux ! tant mieux !... vous ne voulez pas
que je l'épouse... Ah ! monsieur Henry ! cela vous ferait de la peine, n'est-ce pas ?

— J'en serais indigné, mademoiselle ; pour vous d'a-
bord, puis pour vos parents, qui ne tarderaient point
à s'apercevoir de la faute qu'ils auraient commise...

— Oui... et puis pour... enfin cela vous ferait du
chagrin ! Mais pourquoi donc, puisque vous connaissez
ce Berlingot mieux que mon père, n'avez-vous pas tout
de suite, quand vous l'avez rencontré ici, éclairé mes
parents sur son compte ?

— Mademoiselle, il est toujours pénible de se faire
le délateur de quelqu'un ; quand j'ai vu ce Berlingot,
j'ai cru que vous le receviez seulement pour vous distraire et pour vous tenir au fait des modes, des plaisirs de Paris ; je sais que cet homme est au courant de
tout ce qui se fait dans les théâtres, dans les fêtes, qu'il
ne manque pas une course de chevaux à la Marche ou
à Vincennes ; enfin j'ai cru qu'il vous servait de courtier pour avoir des loges aux spectacles et voir la pièce
en vogue. Je n'attachais pas plus d'importance à sa
présence chez monsieur votre père, d'autant plus que
M. Croutmann m'a plusieurs fois répété qu'il s'est retiré des affaires et ne veut plus se livrer à aucune spé-

culation. Mais se contenter d'être reçu dans une honnête famille, cela ne pouvait pas être là le but de cet intrigant; il a osé jeter les yeux sur vous... et vous avez sans doute une belle dot, mademoiselle? pardonnez-moi de vous demander cela!...

— Je n'y vois aucun mal. Oui, mon père me donnera, en me mariant, trois cent mille francs; et je crois qu'il a déjà cette somme à la Banque.

— Ne vous étonnez plus de la demande faite par M. Berlingot; à coup sûr, mademoiselle, vous méritez bien d'être aimée pour vous-même! Mais cet homme-là ne connaît pas l'amour... c'est l'argent, c'est votre riche dot qu'il convoite.

— Oh! je suis bien sûre que vous avez raison! Ce M. Berlingot n'aime que ma dot!... tandis que... il y en a d'autres... qui m'aimeraient sans cela... N'est-ce pas, monsieur Henry?....

— Mais, à coup sûr, mademoiselle.

— Mais ceux-là... n'osent peut-être pas parler... se déclarer...

En disant cela, les beaux yeux bleus de Ketly se sont fixés un moment sur Henry, et ils ont alors une expression si douce, si tendre, que celui-ci en est à son tour tout ému. Il se fait un assez long silence, mais qui passe bien vite pour la jeune fille. Elle attend, elle espère toujours que celui qui est là, devant elle, va lui avouer qu'il l'aime. Au lieu de cela, Henry Demarsay se lève.

— Vous me quittez déjà? lui dit Ketly.

— Oui, il ne serait peut-être pas convenable que je restasse plus longtemps en tête-à-tête avec vous...

— Ah!... vous croyez?... Mais... si l'on me parle encore d'épouser M. Berlingot, je pourrai dire à mon père ce que vous m'avez dit de ce monsieur?

— Oui, mademoiselle; ce que j'ai dit, je ne le rétracterai pas, et, si cela est nécessaire, je pourrai même donner à M. Croutmann des preuves de ce que j'avance...

— Oh! je suis bien contente!... Alors, c'est une chose convenue, je puis compter sur votre appui?...

— Vous n'en aurez sans doute pas besoin, mademoiselle, mais, en tout cas, je suis entièrement à votre disposition.

— Ah! c'est bien aimable, ce que vous me dites-là!... Je suis fâchée que vous me quittiez déjà... Mais puisque vous pensez... vous reviendrez bientôt nous voir, n'est-ce pas?...

— Oui, mademoiselle.

— Adieu, monsieur Henry.., Pourquoi ne me donnez-vous pas la main?...

Le jeune homme hésite, mais il prend enfin cette main qu'on lui offre, la serre affectueusement, puis s'éloigne bien vite; car il a senti que l'on pressait doucement la sienne, et cela lui semble dangereux.

X

UNE FÊTE CHEZ CRAMOISAN

Henry Demarsay descendait assez lentement l'escalier en sortant de chez les Croutmann. Malgré lui... est-ce bien malgré lui?... je ne l'affirmerai pas; mais enfin il se sentait tout troublé par l'entretien qu'il venait d'avoir avec la charmante Ketly, par les regards qu'elle avait attachés sur lui, et surtout par la pression de cette main qui avait tenu la sienne.

Quelques semaines auparavant le jeune avocat n'aurait peut-être pas fait attention à tout cela: mais depuis qu'il a revu Mathilde, depuis qu'il a causé avec elle, ses idées ont changé; sa mélancolie s'est presque entièrement dissipée, et lorsqu'il songe à cette femme qu'il a tant aimée, c'est pour se dire : « Elle m'a reproché de n'avoir pas un gilet en cœur?... Elle ne s'est occupée que de ma mise!... »

Mais si sa pensée revient maintenant sur Ketly, il se dit:

— Cette jeune personne a trois cent mille francs de dot; son père voudra un gendre riche... c'est tout naturel. Ce serait donc une folie à moi de l'aimer, car je ne suis pas en position d'aspirer à sa main.

Suivant son habitude, Poussinet causait dans la cour avec Joconde, qui lui offrait de lui apprendre la gigue. En apercevant Henry, le vieux domestique s'écrie :

— Monsieur Demarsay, il y a une lettre pour vous.

Joconde donne un grand coup de coude à Poussinet, en murmurant :

— De quoi vous mêlez-vous?... Est-ce que c'est vous qui êtes le concierge?...

— Puisque le facteur vient de vous la remettre devant moi, je sais bien que c'est une lettre pour monsieur.

Joconde, tout en marronnant, se décide à donner la lettre à Henry; celui-ci se hâte de l'ouvrir et lit en caractères imprimés :

« Monsieur et madame Cramoisan vous prient de leur faire l'honneur d'assister au concert et au bal qu'ils donneront mardi prochain. On se réunira à neuf heures. »

Puis, plus bas, il y a, de la main de Mathilde :

« Rappelez-vous votre promesse, mon cher Henry, et ne manquez pas de venir à cette fête... sans quoi je suis pour jamais fâchée avec vous. »

« J'irai, se dit Henry en mettant la lettre dans sa poche. Je suis curieux de voir ce monsieur Cramoisan... qui donne des fêtes magnifiques, qui reçoit tout Paris!... Ah! si le monde savait... si l'on connaissait tout le passé de ces gens chez qui on est empressé de se rendre! Mais je suis un niais de croire que cela arrêterait la foule. Le monde s'inquiète bien peu de ce que vous avez fait... souvent même, quand il le sait, il feint de l'ignorer, ou de ne pas y croire, afin de pouvoir toujours prendre sa part des plaisirs que vous lui offrez; le monde veut s'amuser avant tout. »

Le jour... ou plutôt la nuit de cette fête est venue : il est minuit, et les magnifiques salons du banquier commencent à être envahis par les hommes à la mode, les femmes du beau monde; les riches spéculateurs, les célébrités dans tous les genres. Les dames sont resplendissantes par leurs toilettes, par les diamants, les parures précieuses qui se montrent à profusion sur leur poitrine, leurs épaules, leurs oreilles, leurs bras et leur tête. Quelques-unes ne sont plus que des étalages de bijouterie, dans lesquels vous cherchez à faire votre choix. Mais, en général, les plus jolies femmes se montrent moins prodigues de pierres précieuses; elles savent que, pour plaire, il leur suffit des attraits qu'elles ont reçus de la nature. Celles-là ne sont pas les moins courtisées, les moins admirées.

La femme de l'amphitryon est nécessairement la reine de la fête ; elle mérite doublement de l'être par sa beauté, sa grâce et le choix de sa toilette, qui, sans être trop excentrique, est calculée de manière à faire valoir tous ses avantages. Aussi les hommes se pressent-ils de suivre ses pas, de l'entourer, de lui adresser leurs hommages. C'est à qui obtiendra un mot, un regard, un sourire de madame Cramoisan, qui, au milieu de ses admirateurs, semble distraite et cherche quelqu'un qui n'a pas encore paru.

Trois vastes salons sont envahis par la foule. Dans l'un on fait de la musique, dans le second on danse, dans le troisième on joue. Outre ces trois grandes pièces, qui donnent l'une dans l'autre, il y a encore plusieurs petits boudoirs, éclairés seulement par des lampes à globes dépolis, de façon à ne laisser dans ces charmants réduits qu'un demi-jour, qui repose la vue, fatiguée par l'éclat des lustres des salons. Des portières, relevées à demi, laissent voir à peu près l'intérieur de ces délicieuses retraites, où vont s'asseoir et causer un moment les couples qui ont quelque chose à se dire, quelque confidence à se faire ; les dames, qui ont fait quelques remarques sur le mauvais effet d'une robe, ou le peu de goût avec lequel une de leurs amies est coiffée, et qui tiennent à le faire remarquer à d'autres, afin que toutes puissent s'en moquer. Dans toutes les réunions, la critique trouve à s'exercer : et puis, c'est si amusant de chercher à ridiculiser son prochain !

Au milieu de tout le monde, Cramoisan fait fort bien les honneurs de ses salons, il est aimable pour tous ses invités : mais cependant on peut remarquer la préférence qu'il accorde aux riches capitalistes, aux gros spéculateurs, aux étrangers qui veulent se lancer dans les affaires. Avec ceux-là, il est charmant ; il fait, sans en avoir l'air, remarquer qu'il a à sa soirée des artistes que l'on ne peut posséder qu'à grands frais ; mais, cela ne saurait l'arrêter ; il tient à ce qu'on trouve chez lui les plus grandes célébrités musicales. Les gens qui observent tout, et il y a toujours de ces gens-là dans une grande réunion, ne se gênent pas pour dire à leurs voisins :

— Le banquier donne des fêtes superbes, mais il veut que cela lui rapporte, que cela fasse abonder chez lui des grosses affaires, les placements de fonds, que cela lui amène des clients enfin ! Et il a raison, c'est un bon moyen, la publicité !... toujours la publicité !... Un banquier ne peut pas se mettre en annonces dans les journaux comme un magasin de nouveautés, mais il donne des bals, des fêtes, des soupers ; ce sont ses annonces à lui.

Volenville n'a pas manqué de se rendre à l'invitation du banquier. Il a salué madame Cramoisan, en se disant : « Elle est superbe, cette femme-là !... Si j'étais à la place de mon neveu, je ferais en sorte de la rendre infidèle à son mari !... mais Henry est un monsieur à principes !... il est très-arriéré. »

Volenville a parcouru les salons, dont il admire la magnificence. Il a retrouvé là quelques-uns des joueurs qui étaient à la soirée d'Arthur de Grainwal. Bientôt il aperçoit Arthur lui-même, et s'empresse d'aller à lui.

— Enchanté de vous rencontrer !...

— Bonsoir, Volenville... Mon Dieu que de monde ici !... on y étouffe !

— Oui, c'est très-brillant. Vous connaissez donc Cramoisan ?

— Qui est-ce qui ne le connaît pas ?... Je ne manque jamais une de ses fêtes !

— Ma foi ! je vous avouerai que, moi, c'est la première fois que j'y viens.

— Vous vous y amuserez ! Jolies femmes... beau souper... et on joue un jeu d'enfer !... A propos de jeu... votre pauvre Russe a été cruellement battu chez moi... il a perdu beaucoup !

— Oui... mais j'aime assez à voir perdre les étrangers !

— Surtout quand vous jouez avec eux, je conçois cela !

— Et que faites-vous de votre jolie maîtresse, madame Astrakan ?

— Ma foi ! pas grand'chose ; nous sommes un peu en froid... elle est parfois trop volontaire !...

— On dit partout que Cramoisan est votre rival, qu'il veut vous l'enlever...

— Ah ! ça m'est bien égal, qu'il me l'enlève !... Cela m'évitera la peine de la quitter ! mais, entre nous, je doute qu'il y réussisse !...

— On m'a assuré... c'est mon valet de chambre qui sait cela par le valet de Cramoisan ; que celui-ci envoyait des présents splendides à madame Astrakan...

— Je le sais ! Elle me les a montrés, en me disant : « Vois-tu, ce riche banquier en sera pour ses cadeaux, je l'en ai prévenu. Il va toujours son train, tant pis pour lui !... il me déplaît, je ne veux pas de lui. »

— Ah ! elle est fort originale.

— D'autant plus originale que, ce qu'elle a dit, elle le fait.

— Je vais passer au salon de jeu.

— Je vous y rejoindrai, mais je vais danser un peu auparavant.

La demie après minuit vient de sonner lorsque Henry Demarsay fait son entrée chez Cramoisan. Au milieu de cette foule, il cherche des yeux Mathilde, sans s'inquiéter du maître de maison, qu'il ne connaît pas, qu'il n'a jamais vu. Il est parvenu dans le premier salon, et parmi toutes ces belles dames et ces brillantes toilettes qui passent et repassent devant lui, il n'a pas encore aperçu celle pour qui il est venu. Mais, dans le salon de la danse, comme l'orchestre se reposait, il remarque beaucoup de jeunes gens se pressant pour approcher d'une dame. Quelque chose dit à Henry que ces messieurs sont là pour encenser la reine de la fête. Il ne se trompait pas : Mathilde est assise là, près de jeunes personnes étrangères. Mathilde répond à peine aux compliments de ses adorateurs, elle les écoute d'un air distrait. Mais tout à coup sa figure s'anime, ses yeux expriment la satisfaction, c'est qu'elle vient d'apercevoir Henry. Aussitôt elle se lève pour aller au-devant de lui, qui cause un profond étonnement à tous ces beaux messieurs qui faisaient cercle devant elle. Ils se demandent quel est ce monsieur si favorisé du destin, et pour lequel la belle madame Cramoisan daigne se lever et montrer tant d'empressement ; elle qui ordinairement ne se dérange pour aucun d'eux. Ce qui augmente leur dépit, c'est que ce jeune homme, si bien accueilli, leur est entièrement inconnu.

— Enfin vous voilà ! dit Mathilde en tendant sa main à Henri. Je commençais à douter de vous...

— Vous aviez tort, je ne manque jamais à ma promesse, moi.

Vous autres hommes, vous avez tous le droit de connaître ces femmes-là. Page 34.

— Avez-vous vu mon mari ?

— Je n'en sais rien ; comme je ne le connais pas, j'ai pu passer près de lui sans m'en douter.

— Je vous présenterai à monsieur Cramoisan...

— Oh ! rien ne presse !...

— Mais s'il me voit causant avec vous... il voudra naturellement savoir qui vous êtes...

— Alors, il sera temps de le lui dire. Mon Dieu ! combien vous avez de monde !... c'est à peine si l'on peut circuler... et tous ces gens-là ont les yeux fixés sur nous, pourquoi ?

— Parce qu'on ne vous connaît pas et que l'on est curieux de savoir qui vous êtes... Mais on va danser ici ; venez, quittons ce salon, entrons dans un de mes petits « causeurs », c'est ainsi que j'appelle mes petits salons, où l'on est séparé de la foule ; donnez-moi votre bras et venez... Ah ! ah ! ah !

— Vraiment !

— Je ris de la mine que font tous ces messieurs en me voyant vous prendre le bras.

Mathilde fait quelques pas au bras de Demarsay, lorsqu'un beau monsieur court se placer devant elle, en lui disant :

— Madame !... madame ! mille pardons, mais c'est une mazurke qu'on va danser ; vous oubliez donc que vous m'avez accepté pour la danser avec vous ?...

— Ah ! mon Dieu ! excusez-moi, monsieur de Vermont, répond Mathilde, mais je me sens vraiment trop fatiguée, j'ai besoin de me reposer, je ne danserai pas celle-ci : ce sera pour une autre mazurke, si vous le voulez bien.

Le cavalier semble un peu froissé par ce refus ; mais, sans attendre ce qu'il va lui dire, Mathilde entraîne Henry, dont elle n'a pas quitté le bras, et bientôt elle entre avec lui dans un de ces jolis petits boudoirs où règne un jour si doux ; elle s'assied sur un divan et fait signe à Henri de se placer à côté d'elle, ce qu'il fait aussitôt.

— Mais je suis peut-être cause que vous avez manqué cette danse, dit Henri ; et, en vérité, je serais désolé de vous avoir privée d'un plaisir !...

— Oh ! j'ai bien le temps de danser... mais vous, je ne vous vois pas si souvent ! Eh bien, comment trouvez-vous mes salons ? N'est-ce pas que c'est beau, chez moi ? que tout respire ici le luxe, le confortable... enfin qu'il est difficile d'offrir une soirée, un bal plus splendides ?

— Oui, madame, tout ici, en effet, est d'une élégance remarquable ; on semble y avoir semé l'or à pleines mains, et vous devez être heureuse, puisque briller était votre envie... Tous vos vœux sont satisfaits ?...

— Mais à peu près... je ne puis me plaindre de M. Cramoisan... bien que mes bonnes amies... vous savez, ces bonnes amies du monde ? ne cessent pas de me dire que mon mari fait maintenant des folies, des extravagances pour une nouvelle courtisane à la mode, qu'on appelle, je crois, madame Astrakan...

— Astrakan, dites-vous ?...

— Oui, certain nom a paru vous frapper... Est-ce que vous connaissez cette drôlesse ?...

Henry garde un moment le silence : le mot drôlesse lui a été pénible à entendre, bien qu'il sente que l'épouse du banquier a parfaitement le droit de donner ce nom à Claudinette. Il répond après avoir hésité :

— Oui, je la connais... un peu...

— Mon Dieu ! mon cher, ne vous en défendez pas ! vous autres hommes, vous avez tous le droit de connaître ces femmes-là... Est-ce qu'elle est fort jolie ?...

— Mais... cela dépent du goût !...

— Après tout, cela ne m'inquiète nullement !... Mon mari court après les actrices, après toutes les danseuses...

— Avoir une femme si belle et la négliger !... Je ne le comprends pas ! Enfin, vous vous trouvez heureuse ! c'est le principal...

— Mais oui !... cette vie de luxe... c'était mon rêve !... Tenez, Henry, convenez que le hasard fait toujours pour le mieux... Si j'avais été votre femme, il vous eût été impossible de m'offrir tout cela... Et je vous aurais rendu malheureux peut-être...

— Il est certain qu'avec moi, votre position n'eût pas été la même... Oui, vous avez peut-être raison !

Pendant que cette conversation a lieu dans le petit *causeur*, M. Cramoisan, étonné de ne plus apercevoir sa femme dans les salons, au moment où il voulait lui présenter un riche étranger, la cherche de tous côtés et dit à quelques jeunes gandins :

— Messieurs, n'auriez-vous pas vu ma femme !... Je ne l'aperçois pas... Est-ce que l'un de vous me l'aurait déjà enlevée ?...

Cette question était naturellement faite en riant, mais les jeunes gens lui répondent :

— Ce n'est pas nous qui avons enlevé madame Cramoisan, c'est un monsieur que nous ne connaissons pas et qui venait d'arriver... Madame Cramoisan a été au-devant de lui... Elle a paru charmée de le voir...

— Un monsieur que vous ne connaissez pas ! dit le banquier dont les sourcils commencent à se froncer. Est-ce un jeune homme ?...

— Oui, oui, c'est un jeune homme... Madame Cramoisan a même refusé de mazurker avec de Vermont, à qui elle avait promis, pour continuer de causer avec ce nouveau venu... Elle a pris son bras et s'est éloignée avec lui...

— Voilà qui me semble bien singulier. Mais, ce monsieur, vous devez l'avoir déjà vu ici ?...

— Non, jamais !...

— Ah ! je saurai qui est cet étranger... Il me tarde de le voir !...

— C'est facile... s'écrie un des jeunes gens. Je sais où madame Cramoisan est en ce moment, car je l'ai toujours suivie des yeux ; elle est entrée, avec ce monsieur, dans le petit boudoir jaune... là-bas, à gauche et ils y sont encore en train de causer.

Le banquier n'en écoute pas davantage ; il quitte brusquement ces messieurs, et court vers la petite pièce qu'on lui a designée, et dont la portière, à demi fermée, ne laissait voir qu'une partie. Mathilde était alors assise à côté d'Henri et légèrement penchée vers lui pour ne parler qu'à demi-voix.

A l'aspect de son mari, qui s'arrête devant elle et dont les traits sont déjà contractés par la colère, elle cesse de causer pour regarder fort tranquillement M. Cramoisan, qui s'écrie :

— Que faites-vous donc ici, madame, au lieu de faire les honneurs de vos salons ? Vous vous cachez pour causer avec... quelqu'un que je ne connais pas !...

Ces mots ont été dits sans être accompagnés du moindre salut pour Henri ; de son côté, celui-ci est resté assis et n'a pas salué le banquier.

— Il me semble, monsieur, que je ne me cachais pas, répond Mathilde d'un ton ferme, car vous m'avez trouvée bien vite...

— Mais enfin, madame, qui est donc monsieur, pour lequel vous abandonnez votre société ? il me tarde de le connaître...

Mathilde va pour répondre, mais Henry ne lui en laisse pas le temps ; il se lève cette fois et regarde fixement le banquier, en disant d'une voix forte :

— Laissez, madame, c'est à moi de me faire connaître à monsieur... Je suis Henry Demarsay, fils de Jacques Demarsay, qui était notaire à Lyon... Vous avez connu mon père, monsieur, je le sais ; car il m'a beaucoup parlé de vous... et des relations qui avaient existé entre vous deux.

A peine Henry a-t-il prononcé son nom que Cramoisan change de couleur, puis à mesure que le jeune homme parle, le trouble du banquier augmente ; une pâleur effrayante couvre son visage, et cependant sur son front on voit perler des gouttes de sueur. Lorsque le jeune avocat se tait, ce n'est qu'au bout de quelques instants que le banquier, qui a perdu son ton arrogant, murmure d'une voix mal assurée :

— Ah ! oui, monsieur, oui... En effet .. j'ai connu... j'ai eu l'honneur de connaître monsieur votre père... Mais il est mort, je crois ?...

— Oui, monsieur, il est mort il y a dix-huit mois...

— Et vous avez gardé... son étude ?...

— Non, monsieur... je m'en suis défait. Je n'ai gardé que les dossiers concernant des affaires... particulières, et que mon père lui-même n'aurait pas voulu laisser à son successeur.

Cramoisan garde un moment le silence. Il a passé sa main sur son front, comme pour se remettre de son trouble ; enfin, il reprend d'une voix qu'il s'efforce de bien poser :

— Et vous êtes à Paris pour quelque temps, monsieur ?

— Pour toujours, je l'espère, car rien ne me rappelle plus à Lyon et je compte me fixer ici.

— Je suis heureux, monsieur, que vous ayez bien voulu honorer cette soirée par votre présence... Et je remercie ma femme de vous avoir envoyé une invitation. Toutes les fois que nous donnerons de ces petites fêtes, je serai très-flatté si vous voulez bien y assister.

Après avoir, non sans effort, achevé ces paroles, Cramoisan salue profondément Henry et se hâta de sortir du boudoir jaune.

Mathilde, qui est encore toute surprise par ce qu'elle vient de voir et d'entendre, se tourne alors vers Henry, en disant :

— Qu'est-ce que cela signifie ?..... Vous me voyez toute stupéfaite !..... Mon mari, ordinairement si jaloux... et qui arrivait ici fort mécontent de ce que j'avais abandonné ma société pour causer en tête-à-tête avec vous... par quel charme avez-vous donc changé tout cela ? Il devient doux comme un mouton !... Il vous parle avec déférence !... vous engage à revenir... et enfin, vous laisse avec moi, sans me dire encore de rejoindre la société... Je trouve cela incompréhensible !... Et il vous a suffi de dire votre nom pour retourner ainsi l'humeur de M. Cramoisan !...

— Votre mari s'est rappelé qu'il avait connu mon père, et voilà pourquoi il a changé de manière avec moi...

— Oh ! cela ne suffirait pas ! il faut qu'il y ait autre chose... Mais enfin je suis toujours fort aise que M. Cramoisan vous ait engagé à ses fêtes. J'espère que vous viendrez souvent. Mais il est temps que je retourne dans mes salons, je suis sûre que tout le monde me cherche ! Et je m'étais engagée encore pour plusieurs danses... Venez, Henry... Vous resterez au souper, j'espère ?

— Je ne vous le promets pas...

— Quel jeune homme ! il ne danse pas, ne joue pas ! et ne soupe pas !... Ah ! vous n'êtes pas de votre siècle !

On rentre dans les salons, où Mathilde est bientôt emmenée par un danseur. Henry se promène alors dans le superbe appartement du banquier, il en remarque le luxe, l'élégance ; et, parvenu dans la pièce où l'on joue, voit beaucoup d'hommes se presser autour d'une grande table où l'on taille le trente-et-quarante et le baccara. Parmi les joueurs rassemblés là, il reconnaît Volenville, qui est un des plus animés. Alors Henry s'éloigne vivement de la table de jeu en se disant :

« Ne restons pas plus longtemps ici, je ne veux pas que mon oncle me voie dans cette maison, car il penserait que je n'y viens que pour nouer une intrigue avec Mathilde ; et, comme tel n'est pas mon but, ne restons pas plus longtemps chez M. Cramoisan. »

Henry est parti. Mais Volenville ne l'avait pas aperçu ; il est par trop occupé de son jeu pour regarder les personnes qui viennent donner un coup d'œil sur les tables couvertes d'or et de billets de banque. Volenville n'est pas en veine, il a affaire à forte partie : il a reperdu tout ce qu'il avait gagné au jeune Agénor ; il veut se rattraper et perd encore ; enfin, lorsqu'on annonce le souper, pour lequel beaucoup de joueurs ne se dérangent pas, il faut bien qu'il se lève, car il n'a plus un seul billet de banque dans son portefeuille, plus un louis dans sa poche.

XI

VANITAS PERDIDIT HOMINEM

Berlingot n'a pas manqué de se rendre au rendez-vous que le père de Ketly lui a donné ; il y trouve celui-ci. Croutmann lui dit que sa fille ne veut pas encore se marier, qu'elle désire attendre, afin de le connaître davantage ; il ajoute : « Ce n'est pas un refus que je vous apporte, j'espère toujours vous nommer mon gendre ; mais il ne faut pas brusquer les jeunes filles, dont les caprices ne durent jamais longtemps. »

Cette réponse n'a nullement satisfait notre jeune blagueur ; pour lui, attendre, c'est fort chanceux, car d'un moment à l'autre, on peut découvrir que la maison Perdaillon et Comp. n'est qu'une maison de carton ; alors tout espoir d'épouser la riche dot serait perdu. Aussi fait-il son possible pour affermir la volonté de M. Croutmann, en lui disant :

— Quand il s'agit de l'avenir, du bonheur de votre fille, n'êtes-vous pas le maître, ne doit-elle pas se soumettre à votre volonté ?... Plus tard, elle vous remerciera de l'avoir bien établie.

— Oui, sans doute, répond Croutmann, je me ferai obéir quand je le voudrai !... mais, enfin, rien ne presse : laissons Ketly réfléchir.

Quelques jours s'écoulent. Le surlendemain de la fête donnée chez Cramoisan, Berlingot, qui continue d'aller chez les Croutmann, où il ne rencontre presque jamais Ketly, parce que la jeune fille court se cacher dans sa chambre dès qu'elle l'entend ; Berlingot trouve le papa Croutmann lisant un journal et paraissant s'intéresser vivement à ce qu'il lit.

— Est-ce qu'il y a quelque chose de bien intéressant dans ce journal ? dit le jeune homme, en offrant un superbe cigare à l'Alsacien ; sa lecture paraît vous occuper beaucoup ?

— Cela ne me regarde pourtant pas ! répond Croutmann, en poussant un soupir. Mais c'est justement là ce qui me vexe !... Tenez, mon cher Berlingot, voyez ce qu'on met là... » Le banquier Cramoisan a donné « une de ces fêtes comme lui seul sait les ordonner, « tout y était réuni ; concert, danse, jeu ; les premiers « artistes s'y sont fait entendre ; un souper magnifique « a été servi à trois heures du matin. La belle ma- « dame Cramoisan faisait les honneurs de ses salons « avec sa grâce habituelle ; on ne s'est séparé qu'à six « heures du matin. Inutile de dire que tout ce qu'il y « a de mieux à Paris était là ; mais parmi cette foule « élégante et choisie, nous avons remarqué... » Maintenant voilà une kirielle de noms... que cite le journal !...

— Eh bien, qu'est-ce que tout cela vous fait, cher monsieur, puisque vous n'y étiez pas ?...

— Eh ! voilà justement ce qui me désole ! C'est que je n'y étais pas !... C'est que depuis que je suis à Paris, toute mon ambition est d'aller dans une de ces fêtes du grand monde... où je suis assez riche pour figurer... Mais non, je ne vois rien !... Je vais aux spectacles, aux concerts, aux promenades !... mais tout le monde peut en faire autant ! M. Tourbillon, mon propriétaire, qui devait donner de grandes soirées, en a donné une dernièrement. Il y avait une vingtaine de personnes pas une jolie femme ; on a joué au loto, je n'aime pas ce jeu-là ; une demoiselle a chanté faux sans accompagnement ; ceux qui voulaient parler à madame Tourbillon étaient obligés de crier comme des aveugles, en mettant leur bouche dans son cornet. Pour rafraîchissements, on a servi de la bière qui devait avoir été coupée avec de l'eau, et du sirop de groseilles qui n'était pas sucré du tout. Je me suis beaucoup ennuyé, et mes dames aussi. Nous donnons à Strasbourg, entre négociants, d'autres soirées que cela ! rien n'y manque ; tout y est à profusion : punch, glaces, gâteaux, buffets garnis de comestibles, et je vous réponds que l'on s'y amuse. C'est pour savoir si vos grandes soirées de Paris sont plus belles que je voudrais y aller ! et je serais enchanté si quelques jours après je lisais mon nom, dans le journal, parmi ceux des invités. Ah ! mon cher Berlingot, voilà toute mon ambition, car ce journal-ci se reçoit, se lit aussi à Strasbourg... et vous jugez quel effet cela ferait si l'on m'y voyait figurer parmi tout ce grand monde !...

— Et... si je trouvais le moyen de vous faire inviter à la première fête du banquier ?... me promettriez-vous de hâter mon union avec votre fille ?

— Oh ! pardieu, oui !... Alors je dirais à Ketly : « Je veux être obéi... » et il faudrait bien qu'elle fit ma volonté.

— Eh bien, cher beau-père, je vais m'occuper de vous... Je vais faire en sorte que vos désirs soient satisfaits...

— Vous me rendrez fier comme César. Est-ce que vous connaissez ce Cramoisan ?

— Pas personnellement... mais Volenville le connaît... Je le verrai ; enfin, par l'un ou par l'autre, le principal est que nous réussissions...

— C'est juste !

— Au revoir donc... je vais rêver à cette affaire.

— Au revoir, mon futur gendre !... Dans le journal ! être dans le journal ! j'en mourrai de joie !

Berlingot est rentré chez lui, en se disant :

— J'ai promis de le faire inviter chez ces Cramoisan... mais que le diable m'emporte si je sais comment je m'y prendrai ! Il faudra que Volenville vienne à mon secours.

Il rêvait encore à cette affaire, lorsqu'il entend du monde dans la pièce d'entrée : il y court, espérant que c'est Volenville ; mais au lieu de cela, il voit entrer dans ses bureaux Robillot et sa femme.

— Nous v'là ! dit le marchand de fromages en essayant de se débarrasser de sa femme, qui ne veut pas lâcher son bras. Bonjour, les amis !... Tiens, où sont donc les commis ?... il n'y en a pas un dans le bureau...

— Les commis sont allés déjeuner... Et cela va bien, mon cher monsieur Robillot ?

— Mais oui, pas mal, à la douce... Thérèse a eu la grippe... mais aussi elle ne veut pas me quitter... dès que je sors, il faut que je l'emmène ; j'ai eu beau lui lui dire : « Je vas à un endroit où il y a la grippe !...» C'est égal, elle venait tout de même... Lâche donc mon bras, Thérèse ; tu vois bien que je ne veux pas me sauver !...

— C'est fort aimable à vous d'être venus nous dire un petit bonjour...

— Ah ! mais, oui... Je serais même revenu plus tôt sans sa grippe... ça m'a retenu ; car vous avez de l'argent à me donner... le second trimestre du premier versement... il y a plus de quatre mois... Oh ! oui, il y a quatre mois et demi que je vous ai compté les premiers cent mille francs... vous vous en souvenez ?

— Oui, très-bien ; d'ailleurs, c'est écrit...

— Oui, le caissier a écrit sur un livre... Et où donc qu'il est Croquet ? Est-ce que le clou qu'il avait sur le nez a fait des petits ?

— Non, il est... à la Bourse.

— Ça ne fait rien, vous me payerez aussi bien que lui...

— Mais, mon cher Robillot, vous n'avez encore rien à toucher à notre caisse...

— Comment ?... Et le second trimestre des premiers cent mille francs ?...

— Eh bien, il n'est pas échu.

— Pas échu ?... mais puisque vous payez d'avance...

— C'est-à-dire que nous avons payé d'avance le premier, parce que c'était le premier ! mais les suivants ne se payent que lorsqu'ils sont échus... cela ne se fait jamais autrement.

— Ah ! bah !... Vois-tu, Thérèse, tu me pressais toujours, en me disant : « Vas donc toucher ton argent... il faut aller toucher... » Et c'est trop tôt, on ne touche pas encore...

— Mais, mon cher Robillot, est-ce que vous avez déjà dépensé les deux mille cinq cents francs que nous vous avons comptés il y a un mois environ ?

— Oh ! non, nous n'avons pas encore mangé tout ! mais ça va, ça marche !... Thérèse est gourmande, et puis elle aime beaucoup le spectacle... elle irait tous les soirs. Maintenant je te mènerai à ceux qui se jouent en dehors, devant la salle... Et le chef, le superbe Perdaillon est encore en voyage ?

— Oui, nous ne l'attendons pas de longtemps.

— Alors, bonjour, portez-vous bien, nous reviendrons à l'échéance... Thérèse, tu peux te recramponner après moi. Oh ! j'ai pas besoin de lui dire deux fois ! C'est le lierre et je suis l'ormeau. Bonjour, messieurs et la compagnie !

Et Robillot s'en va avec sa femme, qui n'a pas dit un mot et s'est bornée à saluer.

— En voilà un qui prend bien son temps ! se dit Berlingot ; est-ce qu'il compte venir nous ennuyer souvent comme cela ?... Et, pourtant, si le père Croutmann se trouvait là quand il reviendra, je serais fort embarrassé !... Il faudrait encore donner de l'argent à ce marchand de fromages, afin d'éloigner les soupçons !

L'arrivée de Volenville remet de la joie au cœur de Berlingot ; et pourtant la figure de son associé n'annonce rien de bon. L'homme d'affaires se jette dans un fauteuil, en s'écriant :

— Déveine, mon cher, déveine complète !... Jamais chance ne me fut aussi fatale !...

— Tu as perdu au jeu... où donc cela ?

— Parbleu ! chez le banquier Cramoisan ; j'étais à sa dernière fête ; c'était superbe ! Ah ! je dois convenir qu'il fait bien les choses !... ensuite on jouait un jeu d'enfer, les paquets de billets de banque encombraient le tapis... Ah ! les gaillards, comme ils y allaient largement !... des coups de trente, de quarante mille francs !... J'ai voulu leur tenir tête...

— Et tu as perdu ?

— Non seulement tout ce que j'avais gagné au jeune

comte Ladiscof, mais encore tout ce que j'avais en plus
sur moi !... Si bien que c'est à peine si maintenant il
me reste quelques misérables billets de mille francs !...

— Il faut rejouer avec ton Russe !...

— Oh ! il va mal aussi, celui-là, je l'ai mené chez la
Sainte-Hermine, il y perd avec toutes ces dames !... Je
crois qu'il y met de la galanterie... l'imbécile !... Il pa-
rait cependant qu'on lui a écrit, de Pétersbourg, que
s'il continuait ainsi il serait bientôt ruiné !...

— Alors c'est qu'il n'était pas aussi riche qu'il voulait bien le dire !... Mais écoute-moi à ton tour : J'ai
demandé la main de Ketly Croutmann...

— Et on t'a refusé... Je vois cela à ton nez !...

— Non, on ne m'a pas refusé. J'ai le père pour moi ;
il m'accepte, lui !... Mais sa fille demande du temps...
elle veut réfléchir !...

— Si cela traîne en longueur, tu ne l'auras pas.

— Je le sais bien !... C'est pour cela que je presse le
papa pour qu'il se fasse obéir !... Il est un peu mou !...
Sais-tu ce qui le décidera ?...

— Non. Voyons ?...

— Il brûle d'aller à ces fêtes que donne le banquier
Cramoisan, il ne rêve que cela, c'est son idée fixe !...
Y aller, et être ensuite mis dans le journal !... Que je le
fasse inviter par le banquier, et mon affaire est assurée ; il ordonne à sa fille de m'épouser !... Et elle
obéira, parce qu'elle n'oserait pas fâcher son père !...

— J'entends très-bien, et tu veux ?...

— Je veux, que, toi, qui va chez le banquier, tu ob-
tiennes une invitation pour Croutmann et sa famille !...
Tu entends ?... Et sa famille ; car il veut que sa femme
et sa fille aillent avec lui à ces belles fêtes !... Voilà,
mon cher ami, le cas de me donner un fameux coup
d'épaule !...

— Oui, oui !... Il est certain que, si grâce à moi, tes
Croutmann sont invités par Cramoisan... ton mariage
se fera !... Tu épouseras trois cent mille francs ! Un
coup d'épaule qui vous donne cela vaut bien quelque
chose aussi ?...

— Sois donc tranquille !... Est-ce que tout n'est pas
commun entre nous ?... Que je palpe la dot, et tu en
auras ta bonne part !.

— Comme cela, je consens à m'employer pour toi.
Mais faire inviter la famille bourgeoise par Cramoisan, qui ne reçoit chez lui que la fleur des pois de la
mode !... ce n'est pas si facile !...

— Oh ! tu trouveras un moyen !... Tu en feras naître !... Seulement, il faudrait agir le plus vite possible !...

— Cramoisan va tous les jours à la Bourse. Il n'est
pas encore deux heures, je m'y rends, et j'espère l'y
trouver...

— Bravo !... Va, mon cher Volenville, et, à six
heures, au passage de l'Opéra, viens me dire où en est
l'affaire.

— J'y serai.

Volenville se rend à la Bourse. Il ne tarde point à
apercevoir Cramoisan causant affaires avec plusieurs
capitalistes. Il attend que les conversations soient ter-
minées avant d'aborder le banquier, car, en toutes
choses, il faut savoir prendre son temps. Lorsque enfin
il voit celui qu'il guette gagner la sortie, il se hâte de
le rejoindre et de l'arrêter.

— Salut au favori de la Fortune ! dit Volenville de
son air le plus aimable.

— Ah ! bonjour, monsieur, charmé de vous voir !...
Vous étiez à ma dernière fête, n'est-ce pas ?...

— Oui, certes, j'y étais ! Je me serais bien gardé de
manquer à une si flatteuse invitation...

— C'était brillant, n'est-ce pas ?

— C'était magnifique !...

— Et avez-vous été heureux au jeu ?

— Non... j'ai suivi une mauvaise chance... j'ai perdu
plus de cent mille francs...

— Diable ! mais c'est une somme, cela !...

— Oh ! je la regagnerai une autre fois... Je suis au-
dessus de ces pertes-là !... je prends cela très-philoso-
phiquement.

Cramoisan regarde Volenville avec plus de considé-
ration. Un homme qui supporte de telles pertes sans
se plaindre, doit nécessairement être fort riche. Notre
blagueur s'aperçoit de l'effet qu'il produit et continue :

— Je suis très-heureux de vous rencontrer, monsieur, car j'ai quelque chose à vous demander. C'est
presque un service que vous pouvez me rendre... ou
du moins à des personnes qui m'intéressent et qui
n'osent pas s'adresser à vous directement.

— Parlez, mon cher monsieur de Volenville ; de quoi
s'agit-il ?...

— Vos fêtes sont si belles, si magnifiques, que l'on
en parle partout ! Y aller est un plaisir et un honneur
que tout le monde envie... mais, comme dit le poëte
latin : *Non licet omnibus adire Corinthum !*

— Je vous vois venir : un de vos amis désire y être
invité ?

— Ce n'est pas un de mes amis ! Je vais vous expliquer carrément la chose : c'est une famille venue de
Strasbourg. Elle se compose du père, de la mère et
d'une jeune fille fort jolie... Ce sont des gens riches...
très-riches ! Je ne vous garantis pas qu'ils aient les manières du beau monde... Le papa, M. Croutmann, était
éleveur...

— Diable !.. diable !... Il faut beaucoup de fortune
pour faire passer cela.

— Ils en ont, car le père donne trois cent mille francs
comptant à sa fille en la mariant. Il a même apporté
sa dot avec lui, et l'a déposée à la Banque... Voilà les
personnes qui briguent l'honneur d'être invitées à l'une
de vos fêtes... Dites-moi si cela peut se faire ?...

Cramoisan se caresse le menton. Il réfléchit quelques
moments et répond enfin à Volenville :

— Mon cher monsieur de Volenville, je vais vous
répondre aussi carrément que vous m'avez parlé. Je
reçois, chez moi, la plus belle société de Paris ; pour
que je laisse s'y mêler de ces bons bourgeois, qui n'ont
pas les manières du grand monde, il faut au moins
que j'aie une raison... de ces raisons plausibles, con-
cluantes, qui répondent à tout. Ainsi, quand on est
mon client, que l'on a placé ses fonds chez moi, il est
tout naturel que j'invite à mes fêtes celui qui participe
au roulement de mes affaires... comprenez-vous ?

— Je crois que oui.

— Pourquoi voulez-vous que je reçoive dans un salon votre famille d'éleveurs... votre monsieur... Croutmann !... qui place à la Banque les trois cent mille
francs... dot de sa fille, au lieu de les placer chez moi ?
D'abord, dans son intérêt, cela vaudrait mieux ; car
à la Banque on paye un intérêt très-minime, tandis
que, chez moi, il aurait plus du double. Ensuite, il
me donnerait une preuve de sa confiance en ma mai-

son ; et, moi, si on se permettait de rire dans mes salons de la tournure un peu provinciale de ce monsieur, je clorais la bouche aux rieurs en leur disant : « J'ai à lui en caisse un demi-million !... » On enfle toujours un peu...

— En vérité, monsieur Cramoisan, votre raisonnement est si simple, si juste, que tout le monde pensera comme vous. Que M. Croutmann vous confie la dot de sa fille... et il est certain d'être invité à votre prochaine fête, lui et sa famille ?

— Lui et sa famille ! Oh ! alors ce sera son droit !...

— Très-bien ! Je vais faire connaître votre réponse, et je ne doute pas que notre bon Alsacien ne s'empresse de retirer ses fonds de la Banque pour les porter chez vous... A quelle heure faut-il se présenter chez vous, pour vous y trouver, vous ? car vous comprenez que ce brave homme désire vous voir, vous parler... être connu de vous enfin !...

— Je suis toujours dans mon cabinet le matin, de neuf à onze ; d'ailleurs, amenez-le vous-même...

— Si je ne puis vous l'amener moi-même, je le confierai à un de mes meilleurs amis... Berlingot, qui se chargera de vous le présenter.

— Comme vous voudrez ! Votre éleveur se nomme... Croutmann ?

— Werther Croutmann, de Strasbourg.

— En disant ce nom-là, il sera introduit tout de suite... Bonjour !... Je vous quitte, car voici l'heure d'aller au Bois... et la divine Astrakan y sera !...

— Astrakan !... Ah ! cette nouvelle femme à la mode... qui est avec Arthur de Grainwal ?

— Je vous certifie qu'elle n'y sera pas longtemps ! Le banquier monte dans son cabriolet et Volenville se rend au Palais-Royal. Il aperçoit dans les galeries Robillot, tenant Thérèse sous son bras. Le couple s'arrête devant chaque boutique et y fait de longues stations. Pour ne pas être aperçu par les campagnards, Volenville se réfugie dans le jardin et se cache une partie de la figure avec des journaux.

Un peu avant six heures, Berlingot vient le rejoindre, car il a hâte de connaître la réponse du banquier. Volenville rapporte toute sa conversation avec Cramoisan.

— Très-bien ! cela doit aller tout seul ! s'écrie Berlingot. Le papa Croutmann ne demandera pas mieux que de mettre son argent chez le banquier, et il ira avec sa famille à la première fête qui se donnera !... Ah ! mais, dis donc, Volenville...

— Qu'est-ce encore ?

— Est-il bien solide, ce banquier-là ?... S'il allait lever le pied avec la dot... elle serait mauvaise, la combinaison !...

— Oh ! pas de danger !... Informe-toi !... On te dira que c'est une des plus fortes maisons de Paris...

— Oui, c'est vrai, on me l'a déjà dit ! Allons, point d'alarmes !... d'ailleurs, je tâcherai que la dot ne moisisse pas chez M. Cramoisan !

— C'est toi qui te chargeras d'y mener ton futur beau-père ?

— Oui, cher ami, dès demain je verrai Croutmann... en attendant vient chez Véry ; je t'offre à dîner.

XII

L'AMOUR D'UNE JEUNE FILLE

Depuis l'entrevue qu'elle avait eue avec son jeune voisin, Kétly se flattait que son amour était partagé ; aussi était-elle plus que jamais résolue à ne point épouser Berlingot.

Croutmann ne parlait plus à sa fille qu'avec un air sévère, et d'un ton bourru. Celle-ci faisait semblant de ne point s'en apercevoir ; elle était pleine d'attentions, de prévenances pour son père. La maman voyait tout cela ; elle n'osait pas gronder sa fille, mais elle redoublait de caresses pour sa fille. Les mamans sont toujours là pour rétablir l'équilibre, pour tâcher de faire rentrer l'espérance dans les cœurs affligés.

Berlingot, qui a hâte de faire part à Croutmann de ce qu'il faut faire pour être invité aux fêtes que donne le banquier Cramoisan, ne tarde pas à se rendre près du père de Kétly, qu'il trouve seul, et qu'il aborde d'un air joyeux en lui disant :

— Eh bien ! mon cher monsieur Croutmann, quand je me mêle d'une chose, elle réussit toujours ! Vous désiriez aller aux superbes fêtes que donne le riche Cramoisan ? Vous irez quand vous voudrez. Maintenant cela dépend de vous !...

— Que m'annoncez-vous là, mon cher ami ! répond Croutmann en se frottant les mains d'un air joyeux ; cela dépend que de moi, dites-vous, d'être avec ma famille invité à ces magnifiques réunions, dont on parle dans le journal ?

— Oui, cher monsieur.

— Dites-moi donc bien vite alors ce qu'il faut faire pour cela...

— Nous avons vu le banquier. Voici sa réponse, qui est bien simple : « Je ne reçois à mes soirées que mes clients, ceux dont je gère les fonds. Votre monsieur a mis, dites-vous, en dépôt à la Banque trois cent mille francs... qu'il destine pour dot à sa fille. Qu'il mette cette somme chez moi ; d'abord elle lui rapportera beaucoup plus, ensuite il sera de droit invité à toutes les fêtes que je donnerai. » Vous voyez que ce raisonnement est aussi simple que juste ?

— Oui, vraiment !... Oh ! mais alors c'est très-facile. Je vais retirer mes fonds de la Banque et je les porterai chez ce banquier... Je n'ai pas besoin de vous demander si cette maison est solide ?

— Oh ! cela m'intéresse autant que vous ! Ce Cramoisan a un crédit immense, c'est une des plus fortes maisons de Paris !... Au reste, informez-vous aussi... cela ne peut pas nuire.

— Je m'en rapporte à vous. Et puis, un homme dont les journaux s'occupent... il faut bien qu'il en vaille la peine !... Dès aujourd'hui, je vais à la Banque...

— J'aurai, si vous le voulez bien, l'honneur de vous conduire moi-même chez Cramoisan ?

— Non-seulement je le veux bien, mais je vous en prie...

— Et, maintenant, vous vous souviendrez de votre promesse ?...

— Soyez tranquille... Kétly sera votre femme.

— J'y compte... Ces dames sont-elles chez elles ? .. je n'ose m'y présenter...

— Elles sont à leur toilette... laissez-les, vous les verrez plus tard. Demain, j'irai vous prendre chez vous avec les fonds, et nous irons tout de suite chez le banquier...

— Il faut y être avant onze heures... Je préfère venir vous chercher.

— Comme vous voudrez. Je serai prêt.

Dès que Berlingot est parti, Croutmann se rend dans la chambre de sa femme, qu'il trouve causant avec sa fille. L'air satisfait du papa frappe ces dames, et Gotlieb lui dit :

— Qu'y a-t-il donc de nouveau, mon ami ? je vous trouve un air tout joyeux...

— C'est que je le suis, en effet, ma chère ; et je pense que vous partagerez ma joie, lorsque vous saurez que nous irons à la première grande fête que donnera le banquier Cramoisan... Vous savez, ces fêtes dont les journaux rendent compte, en citant les personnes remarquables qui s'y trouvaient ?... Berlingot m'a assuré que mon nom y serait mis... et ces journaux-là se lisent à Strasbourg, Gotlieb ! Ah ! comme cela va faire pester nos connaissances !... J'en ris d'avance !

— Mais, Werther, comment savez-vous que nous serons invités à ces belles fêtes ?... Qui vous le fait espérer ?

— Je ne l'espère pas, puisque j'en suis sûr. Je vous dirai plus tard par quel moyen. Qu'il vous suffise de savoir à présent que c'est grâce à Berlingot, et aux démarches qu'il a faites, que nous aurons l'avantage de nous trouver avec le plus beau monde de Paris. Vous entendez, Ketly, c'est à ce cher Berlingot que nous devons cela !... Il me semble que cela mérite bien une récompense ?... Aussi, ma fille, je lui ai promis votre main.

La jolie fille pâlit ; mais elle rappelle tout son courage et répond d'une voix ferme :

— Vous avez eu tort, mon père ; car je vous ai déjà dit que je ne voulais pas épouser ce monsieur, et aujourd'hui j y suis encore plus résolue que jamais !...

— Encore plus résolue, mademoiselle ! Et qui donc a pu augmenter votre résolution ?...

— Ce que l'on m'a dit de M. Berlingot ; ce que j'ai appris sur son compte...

— Ce que l'on vous a dit !... Et qui donc s'est permis de calomnier ce jeune homme ?... Ah ! je le devine ! c'est M. Henry Demarsay, n'est-ce pas ?... Allons, mademoiselle, ne mentez pas !..

— Oui, mon père, oui... c'est M. Demarsay ; mais il n'a pas calomnié votre M. Berlingot... il n'a fait que dire ce dont il est sûr. Il prétend qu'il n'est pas digne d'être votre gendre...

— Ah ! la ruse est trop grossière !... Il me croit donc bien bête, votre avocat, pour penser que je ne devine pas ce qui le fait parler ainsi ?... Ah ! il connaît Berlingot !... Celui-ci n'est pas digne d'être mon gendre !... Et pourquoi donc, lorsque, après s'être rencontré ici avec lui, et que nous lui avons demandé s'il le connaissait, nous a-t-il répondu : « très-peu... très-superficiellement... et seulement pour l'avoir rencontré deux ou trois fois dans le monde. »

— Parce qu'alors, mon père, il ne voyait pas la nécessité de vous dire du mal de ce monsieur...

— Ta ! ta ! balivernes que tout cela !... parce qu'alors il ne devinait pas que Berlingot me demanderait votre main... mais, aujourd'hui, il le calomnie, parce qu'il trouve en lui un rival ; car il vous aime cet avocat sans causes... il vous aime, et il voudrait vous épouser !...

— Mon père je vous jure que jamais M. Henry ne m'a dit un mot d'amour...

— Il ne vous en a pas dit un mot... c'est possible ;

mais on fait l'amour avec les yeux, et il y a mille manières de faire deviner ses sentiments à une jeune fille... Demandez plutôt à votre mère !...

— Ah ! Werther ! Werther ! taisez-vous !...

— Mais mon père, autrefois, vous-même, vous aimiez M. Henry ; il vous plaisait par ses manières simples et franches.

— C'est possible ; il me plairait toujours s'il ne s'avisait pas de vous aimer, s'il ne vous disait pas de mal de Berlingot...

— Mon père, je vous assure...

— En voilà assez ; je vous ai fait connaître ma volonté. Je veux que Berlingot soit mon gendre... et quand j'ai mis quelque chose dans ma tête, ça tient bien.

Croutmann est parti. Ketly pleure et la maman essaye encore de la consoler. Mais comme, au milieu de ses préoccupations, Gotlieb avait toujours en tête la coquetterie, elle ne tarde pas à s'écrier :

— Mon Dieu ! si nous allons à ces belles fêtes chez ce banquier, il faudra que j'aie une magnifique toilette, que je choisisse pour robe l'étoffe qui est le plus à la mode !... Je vais aller, pour cela, consulter ma couturière. Viens avec moi, Ketly ; tu choisiras aussi une robe pour toi, car ton père voudra que nous soyons très-élégantes...

— C'est inutile, ma mère, je n'ai pas besoin de robe nouvelle, car je n'irai pas à ce bal où nous serons invités par la protection de M. Berlingot.

— Tu dis cela, ma fille ; mais ce serait maladroit de vouloir en toute chose désobéir à ton père. Je choisirai moi-même l'étoffe, car tu changeras d'idée...

— Jamais pour le mariage, ma mère !

— Eh ! non, mais pour le bal.

La maman quitte sa fille. Ketly n'est pas fâchée d'être seule. Quand on a de l'amour en tête, cela vous tient lieu de compagnie ; et souvent on préfère celle-là à la présence de gens indifférents qui vous empêchent de vous livrer à vos pensées. Disons aussi que la chambre de Ketly donnait sur la cour ; que, lorsqu'il sortait ou rentrait, depuis quelque temps, Henry ne manquait jamais de regarder à cette fenêtre ; et, quand il y apercevait la charmante fille, il la saluait, puis, au moindre signe qui l'y engageait, pouvait monter chez elle. Et, cette fois, bien que Ketly fût persuadée qu'elle n'avait pas fait le moindre signe, Henry, en l'apercevant, en remarquant l'extrême tristesse empreinte sur son visage, s'est hâté de se rendre près d'elle.

Ketly tend la main à son jeune voisin, en lui disant :

— Ah ! que vous faites bien de venir !... je suis si malheureuse !... J'ai bien besoin que vous me donniez du courage !

— Qu'y a-t-il donc encore ? demande Henry en s'asseyant auprès de Ketly et en prenant cette main qui cherche la sienne.

— Il y a... toujours la même chose ; que mon père veut que j'épouse son M. Berlingot !...

— Je croyais que M. Croutmann vous avait donné tout le temps de réfléchir à cette proposition ?

— Oui, il m'avait donné du temps ; mais aujourd'hui il est plus entiché que jamais de son Berlingot, parce que celui-ci va nous faire inviter à aller aux fêtes que donne un riche banquier... fêtes dont parlent les journaux... Cela tourne la tête à mon père... qui ne rêve, ne songe qu'à se voir dans un journal !..

— Est-ce chez le banquier Cramoisan que votre père désire aller ?

— Justement ! chez le banquier Cramoisan !... Vous le connaissez ?

— Oui... j'étais à sa dernière fête.

— Et c'est bien beau ?

— C'est du moins très-brillant. Mon Dieu ! si j'avais connu le désir de votre père, il m'eût été facile de le satisfaire...

— Vraiment ?... Et, aujourd'hui, c'est ce M. Berlingot qui va lui faire ce plaisir ; et, pour l'en remercier, il veut que je l'épouse !...

— Vous n'avez donc pas dit à monsieur votre père que cet homme était indigne d'être son gendre ?

— Oh ! si, je le lui ai dit !... mais j'ai été bien mal reçue quand j'ai dit cela... Mon père s'est écrié : « C'est M. Henry Demarsay qui t'a dit cela ! il calomnie Berlingot, parce qu'il craint que tu ne l'épouses... et il ne veut pas que tu l'épouses... parce que... »

— Parce que ?... Achevez de grâce !...

— Je ne sais si je dois !... Mon père prétend que vous avez dit cela ... parce que vous m'aimez... Moi, j'ai juré à mon père que vous ne m'aviez jamais dit un mot d'amour... et je n'ai pas menti ; mais c'est égal, mon père veut absolument que vous m'aimiez !... Est-ce qu'il a raison ?.. Monsieur Henry, je voudrais bien savoir si mon père a raison ?...

Henry ne répond rien, mais il soupire en quittant cette main qui était dans la sienne, et la jeune fille balbutie :

— Ah ! je vous comprends... vous repoussez ma main... cela veut dire que vous ne m'aimez pas !...

— Non, non, vous ne me comprenez pas ! s'écrie Henry. Oh ! cela ne veut pas dire cela !...

— Alors, c'est donc vrai que vous m'aimez ?... Ah ! dites-le-moi !... dites-le-moi au moins !...

— Ah ! charmante Ketly !... je ne dois pas vous le dire, au contraire...

— Si, si, vous devez me le dire !... Pourquoi donc ne me le diriez-vous pas si vous le pensez ?

— Parce que je dois cacher cet amour au fond de mon cœur, car je ne puis pas espérer de devenir votre mari !... Vous êtes trop riche... beaucoup trop riche pour moi, qui n'ai qu'une position modeste !... Votre père ne m'accorderait jamais votre main... il croirait peut-être que c'est votre dot qui me fait envie ! Il se tromperait bien !... Si vous n'aviez pas, dès aujourd'hui je demanderais votre main à M. Croutmann.

— Et, moi, je veux que vous m'épousiez avec ma dot !... Vous m'aimez !... il serait possible !... Ah ! je suis bien heureuse, à présent !... je ne pleurerai plus.

— Aimable fille !... Ah ! tenez, j'ai eu tort de vous avouer cela... mais je n'ai pas eu la force de résister !...

— Vous avez bien fait, au contraire ; car maintenant je n'ai plus de chagrins, de tourments... je sais que vous m'aimez ! J'aurai du courage pour supporter la colère de mon père...

— Mais, pourtant, il ne faudrait pas...

— Assez !... Taisez-vous ! Ah ! non ; dites-moi encore une petite fois que vous m'aimez, et puis partez ! Mon père va rentrer, je ne veux pas qu'il vous trouve ici en ce moment... Ah ! vous reprenez ma main !... c'est bien heureux !

Henry baise à plusieurs reprises cette main qu'on lui abandonne et s'éloigne enfin, suivi par les doux regards de Ketly.

Le lendemain, à onze heures très précises, Berlingot vient avec une voiture chercher Croutmann. Le bel élégant avait eu ses raisons pour ne pas vouloir que l'Alsacien vînt le prendre dans son splendide logement, où régnait souvent un grand désordre ; les commis étaient très rarement à leur poste, et le tapissier qui avait fourni l'ameublement, et n'avait reçu qu'un à-compte, se permettait de venir fort souvent demander de l'argent.

Croutmann, qui a vu la voiture s'arrêter à la porte, se hâte de descendre et se place à côté de Berlingot en lui disant :

— Vous êtes un peu en retard...

— Des affaires imprévues... Est-ce que vous avez vos fonds ?

— Oui, sans doute ; ils sont là... dans un grand portefeuille.

— Oh ! très-bien ! Alors nous pouvons nous rendre tout de suite chez le banquier...

— C'est tout mon désir ; pourvu qu'il ne soit pas sorti ?

— Non, Volenville l'a prévenu... il doit nous attendre.

La voiture roule. Croutmann porte de temps à autre sa main sur la poche dans laquelle est son portefeuille, en disant :

— Je sais bien qu'il ne peut pas se perdre, et malgré cela, à chaque instant, j'éprouve le besoin de le tâter.

On est arrivé devant le fastueux hôtel de la Chaussée-d'Antin où trône le banquier que tout le monde veut avoir pour trésorier, afin d'aller à ses fêtes ; car les hommes sont comme les moutons de *Panurge* : ce que l'un a fait, l'autre veut le faire, personne ne veut rester en arrière ; c'est à qui sautera le mieux.

Croutmann et son compagnon entrent chez le banquier. Berlingot donne à un valet la carte du père de Ketly et Croutmann. On ne les fait pas attendre. Il est brave que l'on fasse attendre trois cent mille francs ! Cramoisan est dans son cabinet. Il accueille ces messieurs avec le plus aimable sourire, présente un fauteuil à l'Alsacien qui est tout intimidé en se trouvant devant un homme qui reçoit chez lui le plus beau monde de Paris. Mais le banquier le met bien vite à son aise, en lui disant :

— Je sais ce qui vous amène, monsieur. Vous avez, m'a-t-on dit, des fonds à me confier ?...

— Oui, monsieur.

Et Croutmann sort de sa poche le volumineux portefeuille renfermant les billets de banque. Il le présente à Cramoisan, en lui disant :

— Il y a là dedans trois cent mille francs... Veuillez les compter.

— Je le veux bien, répond Cramoisan en sortant les billets du portefeuille. Ne vous en formalisez pas ; mais, une si grosse somme, cela se compte.

— Oh ! monsieur, loin de m'en formaliser, je regarde cela comme un devoir.

— C'est fort juste... le compte y est... trois cent mille francs. Je vais vous en donner un reçu. Je vous donnerai six pour les intérêts... Cela vous va-t-il ?

— Parfaitement, monsieur. Tout ce que vous ferez sera bien fait !....

Dans une brasserie alsacienne. Page 44.

— Je tâcherai d'être digne de votre confiance... Ah ! je dois vous avertir : lorsque vous voudrez retirer vos fonds, vous me préviendrez trois jours d'avance, n'est-ce pas ? parce qu'on n'a pas toujours une si forte somme chez soi....

— C'est entendu, monsieur, c'est entendu !... Voilà mon futur gendre, M. Berlingot, qui se chargera de vous avertir...

Cramoisan regarde Berlingot et le salue en souriant, puis s'occupe de serrer les billets de banque dans la caisse de fer qui est près de son bureau. Il fait ensuite un reçu de la somme qu'il a encaissée et le présente à l'Alsacien, en lui disant :

— Maintenant, monsieur Croutmann, que vous êtes mon client, me ferez-vous le plaisir de venir aux petites fêtes, aux bals que j'offre quelquefois à mes connaissances ?

— Ah ! monsieur, vous me comblez !... Je ne vous cacherai pas que c'est un honneur que j'ambitionnais depuis longtemps...

— Vous y avez droit dès aujourd'hui, monsieur.

— Mais... pardon, monsieur le banquier, c'est que j'ai une femme et une fille, ici, avec moi, à Paris...

— Vous les amènerai, mon cher cher monsieur, cela va sans dire ! Vos dames seront parfaitement reçues... Madame Cramoisan sera charmée de les connaître...

— Vous êtes trop aimable ! Au reste, je puis vous assurer que leurs toilettes seront dignes de vos salons...

— Oh ! nous n'en doutons pas !

— Et moi, dit Berlingot, je me permettrai d'ajouter que madame Croutmann a une charmante tournure, et que sa fille, mademoiselle Ketly, est vraiment d'une beauté remarquable...

— Très-bien !... très-bien ! Nous tâcherons que ces dames ne s'ennuient pas à notre bal. Vous, monsieur Berlingot, j'espère que vous accompagnerez la famille de monsieur.

— J'aurai cet honneur. Merci mille fois de votre invitation... Et maintenant, cher beau-père futur, comme les moments de monsieur Cramoisan sont précieux, nous allons le laisser à ses affaires...

— C'est juste!... c'est juste!... Ah! pardon!... une seule question... Monsieur le banquier, pensez-vous donner bientôt une autre fête?... Je vous demande cela, parce que ces dames auront besoin de se préparer à l'avance...

— Oh! vous avez le temps!... Il n'y a pas longtemps que ma dernière fête a eu lieu... Vous concevez que ces fêtes-là sont un peu dispendieuses?... on n'en donne pas à chaque instant; mais, dans quinze jours... trois semaines environ, j'aurai le plaisir de vous en offrir une. D'ailleurs, soyez sans crainte, vous recevrez huit jours d'avance vos lettres d'invitation... Bonjour, messieurs, je vous laisse partir, parce que le courrier m'attend.

Croutmann et son introducteur ont quitté l'hôtel de Cramoisan. Le père de Ketly est dans l'enchantement de la façon aimable dont il a été reçu par le banquier. Il se frotte les mains, en disant :

— Nous sommes invités?... Oh! cette fois, c'est une chose certaine!... nous irons à ces belles réunions?...

— Et bien! cher beau-père, à quand la noce alors?...

— Aussitôt après que M. Cramoisan nous aura donné une fête... et que vous aurez fait mettre mon nom dans le journal... car vous m'avez promis de l'y faire mettre?...

— Oui, oui, il y sera... mais pourquoi attendre tout cela?...

— Parce qu'alors, mon cher ami, ma fille ne pourra plus trouver de raison pour vous refuser. Un peu de patience; le banquier a dit qu'il donnerait une fête dans quinze jours, trois semaines au plus tard!...

— C'est long! murmure Berlingot en secouant la tête. Ah! comptez-vous apprendre à votre femme ce que vous avez fait ce matin?

— Non; je ne dirai tout cela à Gottlieb et à Ketly que lorsque je recevrai la lettre d'invitation du banquier. Je veux jouir de leur surprise... et, d'ailleurs, les femmes ne doivent pas être toujours au courant de nos affaires.

— Comme vous voudrez! Je vais acheter des cigares.

XIII

LE MARCHAND DE CONTREMARQUES

Quinze jours se sont écoulés, puis trois semaines, et le banquier n'a pas encore donné cette fête si désirée par Croutmann, et encore plus par Berlingot; car ce dernier a déjà dépensé, gaspillé, perdu au jeu presque tout l'argent qui lui venait de Robillot : la chance continuait à être mauvaise pour lui et pour Volenville. Ordinairement, cela inquiétait peu ces messieurs; mais en ce moment il fallait que Berlingot pût continuer à faire figure, à briller dans son bel appartement, où il pouvait prendre fantaisie à Croutmann d'aller le voir, et chaque jour la position devenait plus difficile.

Le marchand de fromages, assez contrarié de n'avoir pas touché d'avance le second trimestre de son premier versement, a dit à sa femme :

— Thérèse, il faut dépenser moins d'argent; tu ne veux pas retourner au pays... c'est un tort...

— J'y retournerai si tu y reviens avec moi.

— Je ne peux pas... puisque j'aurai bientôt de l'argent à toucher, ce n'est pas le moment de m'en aller.

— Alors je reste avec toi.

— Oh! es-tu entêtée!... Tu veux aller tous les soirs au spectacle, c'est trop cher!...

— Nous irons seulement nous promener...

— Oui, mais, quand nous nous promenons, tu as toujours soif ou faim!... Ça revient aussi cher que le spectacle!

— Mène-moi dans ce café où tu m'as dit que tu avais été reçu Mélodieux...

— Non, on y dépense aussi trop d'argent; et puis, quand je dis aux garçons : « Je suis de la Société des Mélodieux, je dois payer moins cher », ils me rient au nez, ils ont l'air de se moquer de moi. J'en demanderai la raison à mon ami Volenville, quand je le verrai.

— Qu'est-ce que c'est que ton ami Volenville?

— C'est l'ami de Berlingot.

— Qu'est-ce que Berlingot?

— C'est l'associé de Perdaillon et compagnie, chez qui nous avons placé notre héritage... et chez qui tu as si bien déjeuné, que tu as commis des inconvénances...

— Mais je ne l'ai pas vu, moi, ce M. Perdaillon.

— Non, il n'était pas du déjeuner; il voyageait... Mais je l'ai vu, moi, quand j'y suis allé la première fois... Ah! le bel homme! Il en ferait deux comme moi!

Il est huit heures du soir. Le temps est mauvais. Le couple Robillot, qui est sorti pour se promener, est surpris par la pluie. Mais en passant devant le théâtre de la Gaîté, un homme les accoste, en leur disant :

— Voulez-vous des places? Moins cher qu'au bureau!... Des fauteuils de galerie numérotés, premier rang!...

Thérèse regarde son mari en lui disant :

— Ah! Nicodème! voilà une occasion!... Moins cher qu'au bureau! il faut en profiter.

— Oui, mais la pièce doit être commencée!

— Presque pas, monsieur, les premières scènes seulement... celles qu'on n'écoute jamais; car, si j'étais des acteurs, je ne les jouerais pas.

— Où sont-elles, vos places?

— Venez par ici... je vais vous les donner.

Robillot et sa femme suivent le marchand de billets. C'est un gaillard très-grand, très-fort, qui les conduit devant une boutique éclairée, et là, cherche les places dans ses poches. Pendant qu'il se livre à cette occupation, Robillot, qui a eu tout le temps de le regarder, s'écrie tout à coup :

— Tiens!... mais je ne me trompe pas! Je vous connais!... Oh! oui, je vous reconnais bien, à présent!... Tiens, Thérèse, c'est le bel homme dont je te parlais tout à l'heure!... Vous êtes Perdaillon?... L'associé de Berlingot... et vous vendez aussi des billets de spectacle?... Ah! cette idée!

L'individu auquel Robillot s'adresse, l'examine, fronce les sourcils, semble un moment embarrassé, puis répond :

— Je ne sais pas ce que vous voulez dire, monsieur.

— Comment!... Vous n'êtes point Perdaillon... banquier, boulevard Malesherbes?...

— Ah! monsieur veut rire!... Si j'étais tout cela, je ne serais pas ici.

— J'avoue que ça m'embrouille un peu... cependant, vous êtes bien Perdaillon ?...

— Non, monsieur. Je me nomme Boiron. Je n'ai pas d'autre nom.

— Oh ! c'est bien singulier !... la même taille !... la même figure !... la voix enrouée comme l'autre !... Est-ce que vous avez un frère ?

— Oui, monsieur, un frère jumeau... tout mon portrait !

— Il s'appelle donc Perdaillon, lui ?

— Ah ! monsieur, je ne peux pas vous dire... il change très-souvent de nom. On m'a dit qu'il avait fait fortune ; mais nous sommes brouillés ; je ne le vois plus.

— Alors il faut que ce soit cela ; c'est votre frère que j'aurai vu... Ah ! quelle ressemblance ! Eh bien ! vous ne savez donc pas qu'il a fait fortune, votre frère ? Il est maintenant banquier ; il a un superbe appartement boulevard Malesherbes !

— J'en suis bien aise pour lui, mais si vous voulez voir la pièce, il faut entrer.

— Oh ! oui, Nicodème, prends donc les billets et entrons.

— Combien vos deux places ?

— Six francs, moins cher qu'au bureau.

— Voilà votre argent... C'est égal ! Cette ressemblance est extraordinaire !... et vous vous appelez Boiron ?

— Oui, monsieur. Entrez, la pièce se joue...

— Viens donc, Nicodème !

— Voilà !... voilà !... Monsieur Boiron, je reviendrai causer avec vous dans l'entr'acte.

— Ça suffit, monsieur.

Thérèse est parvenue à entraîner son mari. Ils vont prendre leurs places. La pièce était déjà au second acte, mais pour madame Robillot, cela ne faisait rien ; elle n'avait pas l'habitude de comprendre les drames, et c'est peut-être pour cela qu'elle y prenait tant de plaisir. Son mari, moins amateur du spectacle, s'intéresse peu à ce qu'on joue ; il est tout préoccupé du marchand de contremarques, qui ressemble si étonnamment à son banquier. Dans l'entr'acte, il sort, et cherche M. Boiron parmi les hommes qui font trafic de la contremarque, mais il ne le retrouve pas ; il s'informe de lui aux marchands de billets, qui lui répondent que Boiron est parti. Robillot revient dans l'entr'acte suivant pour chercher son homme, mais tout aussi inutilement.

Le lendemain, le ci-devant marchand de fromages ne peut résister au désir d'aller chez ses banquiers pour y parler de la rencontre qu'il a faite.

Robillot ne trouve plus de groom à la porte. Il entre dans les bureaux, où les jeunes commis ne viennent plus faire des chiffres, Croquet est seul dans son vitrage, dont la porte est ouverte. Étalé sur deux chaises, tout débraillé, tout crotté, il fume, boit de la bière et mange du pain et du fromage. A l'aspect du campagnard, il caresse ses moustaches et tâche de prendre une tenue plus décente.

— C'est moi, me voilà ! Bonjour les amis ! dit Robillot. Ah ! il n'y a que Croquet ici, notre caissier !... ça va bien, Croquet ?

— Mais, oui, monsieur Robillot, pas mal ; je vous remercie...

— Qu'est-ce que vous mangez donc là avec votre pain ?... Dieu me pardonne ! c'est du gruyère !

— Oui, en effet, c'est du gruyère...

— Et pourquoi donc ne mangez-vous pas plus tôt du brie ? c'est bien meilleur ! Est-ce qu'il y a rien au-dessus du fromage de Brie ?

— J'attends que vous me donniez celui que vous m'avez promis.

— Ah ! c'est vrai... je vous en dois un. Vous l'aurez quand on me payera mon second trimestre, et ce sera bientôt...

— J'aimerais mieux l'avoir avant.

— Est-il gueulard !... Berlingot est là ?

— Non, il est à la Bourse...

— Et Perdaillon, le superbe Perdaillon, toujours en voyage ?

— Toujours !...

— Ah ! c'est que, vous ne savez pas, j'ai fait une drôle de rencontre, allez ! Je suis fâché que Berlingot ne soit pas là !...

— Quelle est donc cette rencontre que vous avez faite ?

— Le frère jumeau de Perdaillon !... Saviez-vous qu'il avait un frère jumeau ?

Croquet se mord les lèvres pour ne point éclater de rire, et répond enfin :

— Ma foi ! non, je ne le savais pas ; en voilà la première nouvelle...

— Ah ! c'est parce qu'ils sont brouillés !... Celui d'ici a fait fortune, il ne veut sans doute plus voir son frère, qui est marchand de contremarques... Ça arrive souvent dans les familles : les riches ne veulent plus voir les pauvres.

— Et où donc avez-vous rencontré ce frère de notre banquier ?

— Devant le théâtre de la Gaîté ! Il m'a vendu un billet moins cher qu'au bureau !... Alors j'ai causé avec lui ; il se nomme Boiron... moi, je l'appelais Perdaillon, tant la ressemblance est grande ! Je vous en prie, dites à Berlingot d'aller flâner par là... ce Boiron, qui vend des billets, doit y être tous les soirs ; il le verra, et je gage qu'au premier moment il fera comme moi, il croira que c'est Perdaillon.

— Je le lui dirai...

— Est-elle bonne, cette bière ?

— Pas mauvaise...

— Donnez-m'en donc un verre ?...

— Volontiers !

— Je me sens tout gaillard aujourd'hui, parce que je suis parvenu à sortir sans ma femme... Figurez-vous que j'ai profité de ce qu'elle a mal aux dents. Hier, au spectacle, elle aura pris un coup d'air. Ce matin, il lui vient une fluxion ; je lui ai dit : « Si tu sors avec ta fluxion, tu resteras enflée toute ta vie !... » Alors elle est restée...

— Et vous en profitez pour courir les belles ?... Mauvais sujet !

— Oh ! Dieu ! si sa fluxion pouvait seulement lui durer six semaines !...

— Dites donc, monsieur Robillot, vous nous devez toujours cinq cents francs pour les dégâts faits par votre chien !...

— C'est bon ! nous verrons ça quand je recevrai mon trimestre... et dans cinq jours il sera échu, mon petit, et je viendrai chercher les monacos !...

— Vous aurez le droit de venir les chercher.

— Adieu ! je vais me promener. Thérèse a mal aux

dents, je me donne de l'air. Vous direz à Berlingot d'aller voir le jumeau de Perdaillon, n'est-ce pas?

— Je n'y manquerai pas.

Pendant trois jours, Robillot passe ses journées à se promener, à mener de nouveau sa vie de garçon. Le quatrième, dans une brasserie alsacienne, il se trouve avec Croutmann, qui vient aussi y prendre son bock. Ces messieurs se reconnaissent. Le marchand de fromages va s'asseoir près de l'Alsacien, et la conversation s'engage. Robillot parle des fonds qu'il a placés chez Perdaillon et compagnie, et du taux de l'intérêt qu'on lui paye.

— Dix pour cent! s'écrie Croutmann, c'est énorme! et je m'étonne qu'on puisse vous donner tant que cela. Moi, j'ai placé des fonds chez le riche banquier Cramoisan; il me donne six, et je trouve que c'est fort raisonnable. Je crains que ces jeunes gens n'aillent trop vite.

Robillot s'inquiète peu si on va vite; il compte, le lendemain, aller toucher son trimestre. Puis il raconte à Croutmann la singulière rencontre qu'il a faite devant le théâtre de la Gaîté. Le père de Ketly l'écoute avec attention. Cette histoire semble le préoccuper beaucoup.

— Avez-vous été revoir ce marchand de contremarques? dit-il à Robillot.

— Ma foi! non, je n'ai pas eu le temps. Thérèse a sa fluxion, j'en profite pour me promener...

— Et vous n'avez pas causé de cela avec Berlingot?

— Quand j'y vais, il est toujours à la Bourse. Mais, demain, j'espère que je le trouverai chez lui: j'irai toucher mon trimestre.

Ces messieurs se séparent. Robillot va courir les endroits publics. Croutmann rentre chez lui. Ce qu'il vient d'entendre lui a donné à réfléchir; il n'est pas tranquille, il lui tarde de voir Berlingot; mais alors il est tard, et il se dit: « J'irai chez lui demain, après mon déjeuner. »

Le lendemain, Croutmann fait demander au portier s'il n'est pas arrivé pour lui des lettres, car il attend toujours l'invitation du banquier; depuis quelques jours on parle beaucoup d'une fête qu'il doit donner incessamment, et qui sera, dit-on, encore plus belle que les précédentes. Mais rien n'est venu. Après son déjeuner, Croutmann sort pour se rendre chez Berlingot. L'Alsacien faisait ses courses à pied quand il était seul, parce qu'il aimait beaucoup à marcher. Cependant quand il est dehors, il regarde sa montre et se dit: Midi et demi!... Peut-être Berlingot n'est-il plus chez lui? Allons d'abord à la Bourse, puisqu'il y va tous les jours; je suis plus sûr de le rencontrer là. »

Croutmann se rend à la Bourse. Sur les marches, sous le péristyle du bâtiment, il y a déjà beaucoup de monde: des groupes se forment, les conversations paraissent très-animées.

— Eh bien! savez-vous la nouvelle, la grande, la terrible nouvelle du jour? dit, à Croutmann, un monsieur qui se rencontrait souvent avec lui à la brasserie.

— Mais non, je ne sais rien encore, répond l'Alsacien. Qu'est donc? une faillite sans doute.

— Oui; mais une faillite infâme, épouvantable!... plus de trois millions de déficit! Et on est certain que le fripon en emporte une grande partie, qu'il s'en va avec l'argent de ses malheureux clients...

— Et qui donc a fait cela?

— Parbleu! celui qui donnait de si belles fêtes pour amorcer son monde... Cramoisan! le fastueux Cramoisan!...

Croutmann est obligé de s'appuyer sur le bras du monsieur qui lui parle; il espère avoir mal entendu, et balbutie:

— Vous avez dit... Mais non, vous n'avez pas dit Cramoisan, n'est-ce pas?

— Ah! bigre! il paraît que vous êtes du nombre des victimes! je vois cela à votre émotion... Mon cher monsieur, je suis fâché de vous apprendre une chose si désagréable; mais, tôt ou tard, il allait bien que vous en fussiez instruit. Oui, c'est bien le banquier Cramoisan qui a levé le pied...

— Ah! mon Dieu!... que me dites-vous là!...

— Vous êtes donc dans la faillite?... pour beaucoup?

— Trois cent mille francs! la dot de ma fille, que je lui avais confiée, il y a trois semaines environ...

— Ah! quel malheur!... trois cent mille francs!... Mais pourquoi diable avoir confié cela à ce fripon!...

— On m'avait dit!... Tous les renseignements lui étaient favorables!... ces fêtes qu'il donnait!...

— Eh? c'est justement cela qui aurait dû donner l'éveil aux imbéciles!... Ces grandes fêtes étaient pour amorcer les chalands, pour faire affluer chez lui les étrangers.

— Ah! j'étouffe!...

— Vous êtes bien pâle!... Allons, sacrebleu! soyez homme, mon cher monsieur... il faut savoir supporter les coups du sort...

— Oui, vous avez raison!... j'aurai du courage!... d'ailleurs, je ne suis pas ruiné pour cela...

— On rattrapera peut-être le fuyard... on tirera peut-être quelques bribes de son actif. Mais vous devriez aller prendre quelque chose au café pour vous remettre...

— Et de quand sait-on cette nouvelle?

— Il paraît que, hier au soir, on parlait déjà de la fuite de Cramoisan; mais, ce matin, il n'y a plus de doute: la caisse est fermée, on ne paye plus, plusieurs commis ont déjà abandonné leur poste... Mais venez donc au café...

— Merci... merci... il faut que j'aille d'abord chez Berlingot!... Merci!

Croutmann court sur la place, monte dans un cabriolet et se fait conduire au boulevard Malesherbes, à la demeure de Berlingot.

En descendant de voiture, notre Alsacien est très-surpris de voir un grand mouvement sous la porte cochère, des commissionnaires emportent des meubles, le portier se dispute avec un tapissier, le petit Athanase, qui n'a plus son costume de groom, crie autant que son père. Croutmann, sans demander d'explications, monte vivement l'escalier, entre au premier, dans l'appartement où il a déjeuné, et y trouve tout en désordre; c'est là que les commissionnaires enlèvent les meubles, mais il n'y a plus de commis, plus de caissier: il n'y a plus dans les bureaux que Robillot, qui est assis devant le vitrage, et pleure en regardant la caisse qui est ouverte et parfaitement vide.

— Où est monsieur Berlingot? Je veux voir Berlingot? s'écrie Croutmann en entrant.

L'ancien marchand de fromages le regarde en disant:

— Ah! bien oui! Berlingot!... il n'y a pas plus de Berlingot que de Perdaillou! Il paraît que tout cela c'était une bande de filous... Je viens pour toucher mon trimestre, et plus personne... ils ont tous filé dès hier! Ah! Thérèse... qu'est-ce que tu vas me dire!... Notre argent!... notre pauvre argent perdu, deux cent mille francs!... ça ne guérira pas ta fluxion... mais je vais aller porter plainte chez le commissaire de police!...Le tapissier, qui reprend ses meubles, m'a dit que ça ne m'avancerait à rien... Ah! les gueux! les gredins!... En apprenant cela, ce matin... car j'étais ici à dix heures, j'ai couru chez Volenville, l'homme d'affaires, qui avait l'air si bon garçon... il est déménagé, et on ne sait pas son adresse; ils déménagent tous!... Alors, je suis revenu ici, voir si par hasard Berlingot ou Croquet serait caché dans quelque coin... Je ne peux pas me décider à m'en aller! Je veux mon trimestre, nom d'un nom!... il me faut mon trimestre... il me faut mon argent!...

Croutmann voit bien qu'il est inutile qu'il reste davantage. Tout honteux d'avoir été pris pour dupe par celui qu'il voulait nommer son gendre, il redescend lentement l'escalier et trouve le portier qui lui dit:

— Vous cherchiez les Berlingot, les Croquet... Ah! monsieur, c'était de la fameuse canaille!...

— Mais, cette maison de banque avec ce Perdaillon... ces commis dans les bureaux?...

— C'était de la frime tout ça, monsieur, du boniment, pour attraper des dupes! Au commencement, j'ai donné dedans; mais, depuis quelque temps, j'avais des doutes... Croiriez-vous, monsieur, que ce Croquet a été assez cuistre pour reprendre le costume de groom de mon fils, et le vendre à un marchand d'habits!... Il n'en avait pas le droit, n'est-ce pas, monsieur? je soutiens qu'il n'en avait pas le droit!...

Croutmann remonte dans son cabriolet et se fait conduire à l'hôtel du banquier. Là, on n'emporte pas les meubles, mais il y a déjà des gens de justice, des huissiers qui verbalisent. Cramoisan a disparu, et les bureaux sont fermés. Croutmann, accablé, désolé, se fait conduire chez lui; en arrivant, il se jette dans un fauteuil sans prononcer un mot; mais il est tellement pâle, tellement changé depuis le matin, que sa femme et sa fille accourent près de lui, et entourent son fauteuil, en lui disant:

— Qu'as-tu donc, mon ami?...

— Seriez-vous malade, mon père?...

— Que t'est-il arrivé depuis ce matin... tu es souffrant... mais parle, parle donc?...

Croutmann repousse doucement les deux femmes, en leur disant:

— Ah! laissez-moi!... je suis un imbécile... un sot!... je ne mérite pas votre pitié... et si je vous avais écoutées, tout cela ne serait pas arrivé!...

— Mais explique-toi donc, Werther, et ne te dis pas des sottises que tu ne mérites pas, bien sûr!...

— Si, Gotlieb, si, je les mérite!... Ce banquier... ce Cramoisan dont chacun vantait le crédit...

— Eh bien?...

— Et bien... il vient de faire faillite... il est en fuite!...

— Qu'est-ce que cela nous fait, à nous?... il ne donnera plus de fêtes, ça nous est bien égal...

— Ce que cela nous fait?... Ah! mes enfants, vous allez le savoir... C'est ma vanité, c'est mon orgueil qui

m'ont perdu... je voulais aller à ces fêtes... Je voulais voir mon nom imprimé dans le journal... mais pour être invité par le banquier, il fallait être son client... Berlingot m'avait appris cela... Alors... oh! voilà ma faute... j'ai retiré l'argent que j'avais à la Banque... les trois cent mille francs... la dot de ma fille... et je les ai confiés à ce banquier...

— Ah! mon Dieu!... la dot de Kelly...

— Elle est perdue...perdue entièrement...

— Ma pauvre fille!...

— Eh bien! maman, est-ce que vous allez vous faire aussi du chagrin pour cela?... Oh! mais cela ne m'en fait pas du tout, à moi... je ne tenais pas à une dot, et M. Henry m'a dit que si je ne n'en avais pas, il aurait déjà demandé ma main à mon père... Vous voyez bien que je ne peux pas la regretter, ma dot, et qu'il ne faut pas vous désoler si je n'en ai plus...

— Ma fille, tu en auras toujours une... pas si belle, il est vrai... mais je tâcherai de réparer ma sottise...

— Oh! non, mon père, je vous en supplie, ne me donnez pas de dot... je n'en veux pas!

— Mais enfin, Werther, tu as dû aller voir M. Berlingot au sujet de cette faillite... que t'a-t-il conseillé de faire!

Croutmann hausse les épaules en murmurant:

— Le Berlingot peut aller avec le Cramoisan... C'est de la même espèce! Ah! je dois convenir à présent que notre jeune voisin avait raison... ce Berlingot est aussi un misérable... il est parti... ils ont ruiné ce pauvre homme que nous avons vu chez lui avec sa femme... ils lui emportent deux cent mille francs.

Kelly ne put s'empêcher de faire un bond de joie, en apprenant que Berlingot est démasqué, et sa mère s'écrie:

— Ah! mon ami, quel bonheur encore que cet homme n'ait point épousé notre fille!...

— Oui, c'est vrai, tu as raison, Gotlieb, ceci est une consolation!

— Mais enfin pour cette faillite il y a peut-être des mesures à prendre, des démarches à faire... nous n'y entendons rien, nous autres. Veux-tu que pour cela nous consultions M. Henry qui est avocat?

— Oui, tu as raison, ma chère amie, voyons M. Demarsay... Ah! il ne se trompait pas, lui!...

— Kelly, dis à la bonne de monter chez notre jeune voisin pour le prier de venir nous voir... qu'il nous obligera beaucoup...

— Oui, maman, oui... j'y vole...

— Pourvu qu'il soit chez lui!...

— Oui, maman, oui, il y est. Oh! soyez tranquille, il descendra tout de suite.

XIV

UN AMI DÉVOUÉ, ET UNE FEMME RARE

Henry Demarsay ne se fait pas attendre, il est bientôt chez les Croutmann. Le papa lui tend la main en luidisant:

— Venez, mon cher monsieur, venez nous aider de vos conseils... Ah! j'ai eu bien tort de ne point vous croire plus tôt au sujet de ce Berlingot!...

— Qu'est-il donc arrivé, monsieur? dit Henry, tout surpris de l'air désolé de l'Alsacien et de sa femme, tandis qu'au contraire la joie brille dans les yeux de Ketly qui s'écrie :

— Mon père sait maintenant que ce M. Berlingot était un intrigant... il ne songe plus à me marier avec lui!...

— Oh! je savais bien que M. Croutmann connaîtrait bientôt la véritable position de cet homme, mademoiselle, mais je pense que ce n'est pas cela qui peut causer l'affliction que je remarque chez vos parents...!

— Non, mon cher ami, et ceci ne serait rien qu'un échec pour mon amour propre... mais il est arrivé bien autre chose ; le banquier Cramoisan a fait faillite...

— Cramoisan, dites-vous ? .

— Oui, oui, celui qui donnait de si belles fêtes, et justement j'ai voulu être invité à ces fêtes ; et, pour y aller, il fallait, à ce que m'a dit cette canaille de Berlingot, être le client du banquier ; alors, par son conseil, j'ai retiré la dot de Ketly que j'avais mise à la Banque... trois cent mille francs, et, il y a peu de temps, je les ai placés chez ce Cramoisan...

— Ah! monsieur, que m'apprenez-vous là!... Trois cent mille francs!... la dot de mademoiselle...

— Mais je n'en veux pas de dot, moi, ça m'est bien égal... je ne la regrette pas, entendez-vous, monsieur Henry?..

— Ma fille, vous parlez comme une enfant? mais trois cent mille francs, c'est une somme qui dérange ma position, car certainement je ne vous marierai pas sans vous rien donner... et je prendrai sur ce qui me reste...

— Cramoisan a fait faillite... mais est-ce bien certain, monsieur?

— Oh! que trop certain... je l'ai appris à la Bourse... Une faillite de plusieurs millions ; il a pris la fuite, et on assure qu'il emporte une somme énorme...

— Le misérable!... Ah! cela devait être... après ce qu'il avait déjà fait? Monsieur, de quand cette faillite?

— C'est hier, dit-on, que le banquier a filé... je me suis présenté chez lui; la caisse est vide, tout est en désarroi.

— Monsieur, madame, calmez-vous, tout espoir n'est peut-être pas encore perdu... je vais aller... courir... Ah! si je le retrouvais!...

— Oui, mais vous ne le retrouverez pas! il aura pris le chemin d'un port de mer, il est peut-être déjà embarqué!...

— Oh! dussé-je le chercher au bout du monde... je veux le retrouver, moi!...

— Cher monsieur, dit Gotlieb, combien nous vous savons gré de l'intérêt que vous nous portez!...

Et Ketly dit tout bas au jeune homme :

— N'allez pas jusqu'au bout du monde, monsieur Henry, je vous en prie... je ne tiens pas à cette dot, moi !...

— Mademoiselle, je ferai mon devoir, dit Demarsay, et je dois tout tenter pour retrouver ce fripon et faire rendre à votre père l'argent qu'il lui a confié... Avez-vous un titre, monsieur Croutmann ?

— Oui, mon cher ami, tenez... le voilà... c'est le reçu de la somme que m'avait donné ce Cramoisan... prenez-le ! Oh ! il ne vous servira pas à grand'chose...

— Encore une fois, monsieur, ne vous désolez pas...

espérez encore... mais il ne faut pas que je perde de temps... au revoir... Je vais m'occuper de retrouver cet homme... Dès que je le pourrai... vous aurez de mes nouvelles...

— Merci, merci mille fois, monsieur, de ce que vous ferez pour nous.

Henri serre la main des deux époux, jette un doux regard à Ketly et se hâte de monter chez lui. Il y prend de l'argent qui lui sera nécessaire s'il doit voyager, des papiers qu'il examine encore, et une paire de pistolets. Il sort, monte dans une voiture et se fait conduire à la demeure de Cramoisan. Il arrive à l'hôtel ; au lieu d'aller dans les bureaux, il demande où est l'appartement de madame. Le concierge qui a déjà l'air impertinent, parce qu'il sait que la maison est en faillite, daigne à peine indiquer à Henry où il pourra trouver l'épouse du banquier. Le jeune homme monte, traverse plusieurs salons, n'y voit plus un seul domestique pour le renseigner, enfin il entre dans une pièce assez retirée et y aperçoit Mathilde, seule, assise, consternée, devant son étagère.

A la vue d'Henry, la belle Mathilde laisse échapper un gros soupir, puis elle lui tend la main en lui disant tristement :

— Ah! vous ne m'avez pas abandonnée, vous, au moins, vous ne faites pas comme les autres... et pourtant vous savez ce qui est arrivé, n'est-ce pas?

— Oui, madame, oui, je le sais, et c'est pour cela que je suis venu !...

— Eh bien! mon ami, qui s'en serait douté ?... Qui aurait jamais soupçonné M. Cramoisan capable de faire faillite ?...

— Qui? mais moi, madame, moi qui sais depuis longtemps tout ce dont votre mari est capable!...

— Vous m'étonnez! et vous ne m'en aviez rien dit ?

— A quoi cela aurait-il servi puisque vous étiez la femme de cet homme? Ah ! si je vous avais vue avant votre mariage, j'aurais cru alors de mon devoir de vous éclairer sur la moralité de celui qui voulait vous épouser... il sait bien que je le connais, moi !... il doit s'en douter!... Rappelez-vous, Mathilde, l'effet que mon nom a produit sur lui, lorsqu'il m'a trouvé seul avec vous, et qu'il venait déjà d'un air arrogant me demander qui j'étais!...

— Oui, en effet, cela m'a frappée... mais enfin tout cela n'était pas une raison pour qu'il se sauvât, en laissant, à ce qu'on dit, un déficit de plusieurs millions... Ah ! c'est cette femme pour laquelle il faisait tant de folies, cette Astrakan, qui aura achevé de le ruiner !...

— Je crois que vous êtes dans l'erreur, Mathilde; d'abord votre mari n'est pas ruiné, car il se sauve les mains pleines... il emporte l'argent de tous ses clients...

— Vous croyez? Mais il ne m'a rien laissé, à moi ! Que vais-je devenir?... habituée au luxe... à satisfaire tous mes désirs... J'ai, je crois, à peine vingt louis dans ma bourse... Voilà ce qu'il me laisse...

— Mais, en vous épousant, ne vous a-t-il pas reconnu une somme... une dot?...

— Rien !... rien !... je n'ai rien à réclamer... Et il paraît, m'a-t-on dit, que cela ne m'avancerait pas à grand'chose... on va tout vendre ici... je tâcherai de sauver mes bijoux, mes cachemires...

— Et il ne vous a pas prévenue qu'il ferait un

voyage... vous ignorez de quel côté il s'est dirigé ?...

— Est-ce qu'il me disait quelque chose de ses affaires !... Depuis quelques jours surtout je le voyais à peine, il ne me parlait plus... Je vous dis qu'il ne songeait plus qu'à cette femme... à cette Astrakan...

— Adieu ! Mathilde.

— Comment ! vous me quittez déjà ?...

— Je vous quitte pour m'occuper de vous... de votre avenir... car vous ne pouvez pas être réduite à la misère, en si peu...

— Oh ! ce serait affreux pour moi... Henry, vous ne m'abandonnerez pas ?...

— Non, je vous le promets... Adieu !... adieu !... le temps s'écoule... et il est précieux.

Henry quitte Mathilde, remonte en voiture et se fait conduire à l'adresse que madame Astrakan lui a donnée, en se disant :

— Allons chez Claudinette... il ne me reste plus que cet espoir.

Madame Astrakan occupait un charmant petit hôtel au bout des Champs-Elysées, tout près du bois de Boulogne. C'était la première fois qu'Henry allait la voir, il ne s'était pas encore rendu à ses invitations, mais il ne doute pas un moment qu'il sera bien reçu. Il fait arrêter sa voiture devant une grille élégante. Il était deux heures de l'après-midi, il entre et demande au concierge si madame Astrakan est chez elle. Le concierge, qui est fort poli, ce qui mérite d'être remarqué, répond que madame n'est pas encore sortie pour aller faire sa promenade au Bois, mais que cela ne peut tarder, car les chevaux sont déjà attelés à la calèche.

Henry se hâte d'entrer dans la maison. Une femme de chambre accourt lui demander ce qu'il veut.

— Je désire parler à madame Astrakan, dit le jeune homme.

— Ah ! ce n'est pas possible, en ce moment, monsieur ; madame s'habille pour aller au Bois... on ne peut pas la voir... d'ailleurs, elle sortira dès qu'elle sera habillée...

— Allez remettre cette carte à votre maîtresse, et je suis persuadé qu'elle me recevra sur-le-champ.

Henry ne se trompait pas. La femme de chambre revient bientôt, en criant :

— Venez, monsieur, venez, madame vous attend.

Elle le conduit dans un ravissant cabinet de toilette, où Claudinette, à moitié habillée, mais ayant jeté une grande pelisse sur ses épaules, attendait Henry, qu'elle reçoit avec un transport de joie ; puis elle renvoie sa camériste, et prend les deux mains du jeune homme, qu'elle presse fortement dans les siennes, en murmurant :

— C'est vous, c'est bien vous qui venez chez moi !... Ah ! quel bonheur ! que je suis heureuse... car je désespérais de jamais vous revoir... Je me disais chaque jour : il viendra peut-être aujourd'hui... mais la journée s'écoulait, et je ne vous voyais pas !...

— Ma chère Claudinette, ne me remerciez pas tant d'être venu... car c'est un service que j'ai à vous demander...

— Claudinette ! il m'a appelée Claudinette. Ah ! comme, dit par votre bouche, ce nom me rend heureuse... comme je voudrais toujours l'entendre !

— Oui, mais il faut m'écouter, j'ai un service à attendre de vous...

— Oui, oui, tout ce que vous voudrez... mais venez vous asseoir là... près de moi... que je puisse me dire : il s'est assis là... et j'y ai tenu sa main dans la mienne... Mais je vous impatiente ; allons, parlez, mon ami, je vous écoute.

— Claudinette, savez-vous que le banquier Cramoisan a fait faillite ?

— Non... faillite... Qu'est-ce que cela veut dire !

— Cela veut dire qu'il ne paye plus personne... Mais il y a des faillites qui ne sont causées que par des malheurs imprévus et qui laissent quelques ressources aux créanciers... Ici, ce n'est pas cela : Cramoisan manque de plusieurs millions qu'il emporte, dit-on, avec lui...

— Ah ! le filou... C'est donc cela !...

— Ce Cramoisan était très-amoureux de vous, sa femme prétend qu'il vous comblait de cadeaux... il la laisse sans le sou, sans ressources...

— Ah ! le vilain homme !... la pauvre femme !...

— Il emporte trois cent mille francs à une famille respectable... il vole tout le monde...

— Ah ! le misérable !...

— Maintenant, je viens vous demander si vous pouvez m'aider à trouver ses traces... à savoir de quel côté il se cache... Claudinette, j'ai sur-le-champ pensé à vous... Je me suis dit : si elle sait où est cet homme, elle me le dira, lors même que ses intérêts devraient en souffrir...

— Vous avez pensé cela de moi !.., Ah ! c'est bien !... Il faut que je vous embrasse pour cette bonne pensée... Et maintenant, oui, je puis vous faire trouver ce filou... Quel bonheur que je n'aie pas brûlé la lettre... je ne me serais peut-être pas rappelé... Attendez, mon ami, attendez !...

La jeune femme court chercher un petit coffret de laque de Chine, qui était posé sur sa cheminée ; elle l'ouvre, y prend une lettre décachetée, et la présente à Henry, en lui disant :

— Tenez, mon ami, voilà une lettre de Cramoisan que j'ai reçue il y a deux heures...

— Une lettre de Cramoisan !... Oh ! quel bonheur !

— Lisez, mon ami, lisez, elle vous dira tout ce que vous voulez savoir.

Henry, prend la lettre, qui est adressée à madame Astrakan, et lit :

« Ma divine, mon irrésistible !... je vous ait dit qu'un jour je mettrais un million à vos pieds. Ce jour est arrivé : j'ai là, à votre disposition, le million bien complet, qui vous attend ; et, soyez tranquille, il me restera encore de quoi vivre joyeusement. Comme je ne vous crois pas assez niaise, assez ennemie de vous-même, de votre fortune, pour refuser un million comptant, je ne mets plus en doute votre acceptation. Voici ce qu'il faut faire pour me rejoindre : Je ne suis pas loin, on est souvent bien mieux caché dans les environs de Paris qu'à cent lieues de cette ville ; prenez le chemin de fer de Strasbourg, celui qui est au bout du boulevard de ce nom vous demanderez un billet pour aller à Chelles ; c'est un petit bourg situé à cinq ou six lieues de Paris. On vous arrêtera à la station de Chelles, qui est tout au milieu des champs. Vous descendrez et, au lieu de tourner à gauche, du côté de Chelles, vous prendrez une route qui est à droite, puis un petit chemin à gauche, et vous verrez la Marne devant vous. Il est inutile que vous traversiez le pont qui mène à Gournay, mais vous descendrez au bord de l'eau où vous verrez quelques maisons, une entre autres renommée pour les matelotes. Vous entrerez chez ce traiteur et vous demanderez monsieur Garbonne, retenez bien ce nom, en disant que vous venez de la part de sa cousine Julienne... retenez bien tous ces noms ; alors on vous conduira dans la chambre où je vous attendrai. Puis, tous deux, nous regagnons le chemin de fer, et en route !... Venez bien vite, bel ange, car il me tarde de vous mettre en possession de votre million et de vous emmener en Angleterre, en Italie ou en Amérique !... enfin, où vous voudrez. Brûlez cette lettre, brûlez tout de suite et partez. »

— Et ce monsieur qui a cru que je ne résisterais pas à son million !... que j'allais bien vite aller le rejoindre ! s'écrie la jeune femme... Ah ! il aurait mis une ville à mes pieds, que je lui aurais dit : Avec vous ? jamais !...

— Ah ! Claudinette ! ma chère Claudinette !... vous ne savez pas quel service vous venez de me rendre... à moi et à ceux que j'aime !...

— Vous m'avez appelée votre chère Claudinette !... je suis payée, mon ami... Ah ! je suis bien payée !

— J'emporte cette lettre... Vous le permettez ?

— Si je le permets !... Ah ! quel bonheur que je ne l'aie pas brûlée...

— Je cours au chemin de fer désigné... Il faut que je retrouve Cramoisan...

— Prenez garde, il a peut-être dit que ce serait une dame qui viendrait le demander...

— Oh ! je saurai m'y prendre, et il ne m'échappera pas ! Adieu, Claudinette, je pars, car il n'y a pas de temps à perdre.

— Allez, mon ami ; mais plus tard vous viendrez me dire si vous avez réussi ?

— Oui, je vous le promets.

Henry est parti. Lorsqu'elle ne peut plus entendre le bruit de ses pas, Claudinette va ouvrir un joli petit meuble dans lequel elle serre ses bijoux et qui en renferme une grande quantité. Mais elle choisit à part des pendants d'oreilles, une broche et une aigrette en diamants, le tout pouvant valoir une cinquantaine de mille francs. Elle prend les trois objets, les place avec soin dans une jolie boîte garnie de coton, puis écrit la lettre suivante :

« Madame, permettez-moi de vous envoyer des bijoux que monsieur votre mari m'avait adressés. J'ai le droit de ne point les accepter, car je n'ai jamais été sa maîtresse, par conséquent, c'est à vous, madame, qu'ils doivent revenir. »

Après avoir placé le billet avec les bijoux et fermé la boîte avec son cachet, Claudinette fait venir un commissionnaire dont elle est sûre, et lui ordonne de porter cette boîte à madame Cramoisan, de ne la remettre qu'à elle-même et de la quitter aussitôt, en disant qu'il n'y a pas de réponse.

XV

LE SECRET DU NOTAIRE

Henry est bientôt arrivé à l'embarcadère de l'Est. Il demande une place pour Chelles. Le train le plus prochain ne partait qu'à cinq heures. Il lui faut donc attendre jusque-là. Mais on ne doit pas mettre plus d'une demi-heure pour arriver à Chelles, il ne sera que cinq heures et demie. On est au mois d'octobre, mais il fait encore jour jusqu'à six heures ; d'ailleurs, alors même qu'il ferait nuit, Cramoisan sera toujours au rendez-vous qu'il a indiqué. S'il n'y a pas d'heure pour les braves, il n'y en a pas davantage pour les amoureux.

Enfin, le train se met en route. Pour la première fois, Henry trouve que la vapeur ne va pas encore assez vite. Il arrive cependant à la station de Chelles bien avant six heures. En sortant du wagon il s'oriente bien, laisse Chelles à sa gauche, et, se rappelant toutes les indications que renferme la lettre, prend une route à droite, trouve ensuite un chemin à gauche et voit bientôt la Marne devant lui. Il descend, suit les bords de la rivière. Les indications de la lettre sont parfaitement justes, car il ne tarde point à apercevoir la maison du traiteur, renommée pour ses matelotes.

Henry s'arrête alors, en se disant :

— Si Cramoisan se met à une fenêtre, s'il me voit venir... il peut me reconnaître ou avoir des soupçons !... La nuit commence à tomber... Attendons que l'on ne puisse plus me voir de loin... Tenons-nous derrière les arbres... mais sans perdre de vue la maison où se trouve ce monsieur.

Le jeune homme se blottit contre un bouquet d'arbres. Cinq minutes s'écoulent, on ne voit plus à quinze pas de soi ; alors il quitte sa cachette et marche à grands pas vers la maison, en se disant :

— Il est temps d'en finir !... et d'ailleurs Cramoisan ne peut pas craindre qu'on le découvre ici.

Henry est bientôt chez le traiteur, qui le reçoit son bonnet à la main. Une servante est aussi là, et s'arrête pour savoir où il faut servir le voyageur.

— Vous avez ici un monsieur arrivé d'hier seulement et qui se nomme monsieur Garbonne ? dit Henry en ayant soin de ne point parler bien haut.

Le traiteur semble indécis, il regarde sa servante, qui répond :

— Eh bien ! oui, not' maître, c'est le monsieur qui dîne là-haut !... Il nous a prévenus qu'on viendrait le demander !...

— Oui, une dame ; mais pas un monsieur !...

— La dame est indisposée et m'envoie à sa place ; il faut que je voie ce monsieur, dit Henry.

— Et de quelle part venez-vous alors ?

— De la part de sa cousine Julienne.

— Ah ! c'est juste, c'est bien cela qu'il nous a dit... Nanette, conduis monsieur près du voyageur... vous le trouverez en train de dîner, même qu'il m'a fait compliment de ma matelote.

— Venez, monsieur, par ici.

Henry suit la servante qui monte un escalier, entre dans un couloir et s'arrête devant une porte qu'elle ouvre en disant :

— Monsieur, voilà quelqu'un de la part de votre cousine Julienne.

Cramoisan était à table, il fait un mouvement pour se lever croyant aller recevoir la divine Astrakan, mais il retombe bientôt sur sa chaise, comme pétrifié, à la vue d'Henry, qui entre dans la chambre et, après avoir fait sortir la servante, referme la porte avec soin.

— Ce n'est pas moi que vous attendiez, monsieur ?

Cramoisan a disparu et la caisse fermée. Page 41.

dit Henry en plaçant debout vis-à-vis de Cramoisan, qui cherche en se vain à se remettre et bredouille, balbutie :

— Non, monsieur, non... à coup sûr... ce n'est pas vous... et je suis encore à concevoir...

— Comment il se fait qu'à la place de madame Astrakan, à qui vous avez écrit de venir vous trouver, ce soit moi qui sois venu. Eh! mon Dieu, monsieur, c'est cependant bien simple ! Toutes les femmes ne se donnent pas rien que pour de l'argent. Madame Astrakan ne veut pas de vous, ni du million que vous lui offrez...

— Cela n'est pas... je n'ai pas offert un million à cette fille...

— Trêve de mensonges, j'ai votre lettre dans ma poche...

— On écrit ces choses-là... pour attraper les femmes... mais on sait bien que ce ne sont que des mots. J'avais écrit à cette malheureuse qui a eu l'infamie de me trahir...

— Je voudrais bien savoir pourquoi vous placez l'in-famie du côté de la personne qui empêche un vol, au lieu de la laisser au voleur.

— Mais, monsieur, j'avais écrit cela pour séduire cette fille.

— Vous pouvez bien avoir un million pour cette fille... comme vous l'appelez, à présent !... Vous en avez assez volé, vous ruinez assez de monde par votre banqueroute frauduleuse pour avoir des millions à donner !...

— Monsieur... ma faillite est la suite de mauvaises spéculations. On m'accuse à tort... et d'ailleurs cela ne vous regarde pas...

— Oh ! si fait, cela me regarde, et beaucoup, car c'est pour vous faire rendre gorge que je suis ici...

— Monsieur... je vous prie de vous retirer... sinon j'appelle et....

— Et moi, misérable, je te fais arrêter comme faussaire... Oui, faussaire, entends-tu bien?... Ah ! tu oses élever la voix devant moi, le fils de Jacques Demarsay, le notaire dont, il y a douze ans, tu as contrefait la signature sur une traite de dix mille francs... que

mon père a bien voulu payer, pour que le tien, négociant respectable, ne fût pas frappé au cœur par le
crime de son fils; mais si mon père a consenti à ne pas
te perdre, il a eu soin alors de te faire signer un écrit
par lequel tu reconnaissais ton faux, et qui lui permettait de te dénoncer à la justice, si tu sortais encore
du sentier de l'honneur. Tout cela, mon père me
l'avait appris en me faisant promettre que je ne te
perdrais pas, si l'on n'avait plus de reproches à te faire.
J'ai en mains tous les papiers qui prouvent ton crime...
ils sont là... je les tiens... appelle donc du monde
maintenant! Moi, j'envoie chercher les gendarmes et
je te fais arrêter comme faussaire et banqueroutier.

Cramoisan est atterré, pâle comme la mort, les regards baissés, pris d'un tremblement nerveux, il murmure :

— Eh bien! monsieur... parlez... qu'exigez-vous...
que voulez-vous de moi?...

— Vous avez reçu de monsieur Croutmann, il y a
peu de temps, la somme de trois cent mille francs qu'il
a retirée de la Banque pour la mettre chez vous...
Voilà du reste le reçu de cette somme que vous-même
lui avez donné...

— Oui, monsieur, oui... je ne le nie pas.

— Vous allez me rendre, à l'instant même, ces trois
cent mille francs, que je restituerai à M. Croutmann.

Cramoisan se penche, prend un sac de cuir sur une
chaise qui était à côté de lui, et, de ce sac, tire un
énorme portefeuille cadenassé. Il l'ouvre et y puise des
billets de banque, bien serrés, bien rangés par dizaine.
Il compte et met sur la table la somme qui lui est de-
mandée, puis il va refermer son portefeuille, lorsque
Henry l'arrête, en lui disant :

— Attendez, monsieur!... Votre femme est maintenant sans argent, sans ressources... car elle ne possède rien à elle. Lorsque vous allez donner un million
pour une maîtresse, vous ne voudrez pas, j'espère, que
votre femme meurt de faim!... Je vous demande cent
mille francs pour elle. Ce n'est pas beaucoup; mais
avec cette somme, au moins, elle pourra vivre sans le
secours de personne.

Cramoisan hésite un peu, mais enfin il se décide et
donne encore cent mille francs. Henri, après avoir pris
les billets de banque, jette sur la table le reçu qu'il
tenait de Croutmann, en disant :

— A présent, monsieur, j'ai rempli ma mission et
j'espère ne plus avoir jamais affaire à vous.

Quittant aussitôt la maison du traiteur, Henry se
remet en route et hâte le pas, car il est porteur d'une
forte somme et se ferait tuer plutôt que de se laisser
voler. Il a des pistolets, car il n'est pas
long pour se retrouver à la station du chemin de fer.
Il y arrive sans rencontrer âme qui vive! Ce côté-là,
des environs de Paris, est à signaler pour les personnes
qui aiment la solitude.

A la station, on lui apprend que le convoi qui descend à Paris ne passe qu'à neuf heures. Il lui faut donc
attendre jusque-là avant d'aller faire des heureux, et
c'est surtout alors que l'on voudrait avoir des ailes.
Mais comme on ne connaît pas encore cette manière
de voyager (cela arrivera peut-être puisque nous sommes dans le siècle des découvertes!) il faut se contenter
de la vapeur, et le jeune homme tâche de trouver le
temps moins long, en pensant à Ketly, à Claudinette et
à Mathilde; ces trois femmes-là marqueront dans sa

vie! Mais trouvez donc une existence d'homme dont
les femmes ne soient pas le pivot?... Enfin le convoi
pour Paris est arrivé. Henry est en wagon, on part à
neuf heures dix minutes; on arrive à Paris un peu
avant dix heures. Mais avant qu'il ne soit à sa demeure, il sera dix heures sonnées; pourra-t-il encore
se présenter chez les Croutmann?... Pourquoi pas, se
dit-il, il n'est jamais trop tard pour apporter de bonnes
nouvelles.

Henri avait raison, d'ailleurs la famille alsacienne
n'était point encore couchée. On avait été trop agité
toute la journée pour pouvoir se livrer au sommeil.
Croutmann était toujours bien affligé de la perte de ses
trois cent mille francs, car il les regardait comme
entièrement perdus. Gotlieb faisait son possible pour
consoler Werther, tout en lui disant de temps en
temps :

— Ah! si un mari consultait toujours sa femme avant
d'agir, il ferait bien moins de bévues!... En affaires,
les femmes sont souvent plus fines que vous... mais ces
messieurs ne daignent pas nous consulter.

Ketly avait une autre manière de consoler son père ;
elle ne cessait de répéter :

— Je ne veux pas de dot, moi, cette dot-là m'empê-
cherait d'être heureuse... elle ferait mon malheur...
elle a manqué de me faire épouser cet intrigant... ce
Berlingot, car ce n'était que cela qu'il aimait en moi!...
Tandis que M. Henry... je puis bien vous l'avouer à
présent, mon père, mais il m'a dit qu'il nous aurait
déjà demandé ma main si j'avais été moins riche... Ne
pensez plus à cet argent, je vous en supplie, mon père,
n'y pensez plus!...

Croutmann essayait de sourire, en pressant la main
de Ketly, mais il poussait ensuite un gros soupir en
murmurant :

— Tu parles comme une enfant... comme une jeune
fille!... mais trois cent mille francs!... il faut bien travailler quand on veut amasser cela honnêtement.

Tout à coup la sonnette retentit avec violence.

— Qui peut nous venir voir si tard? dit la maman.

— Oh! s'écrie Ketly, ce ne peut-être que M. Henry...

En effet, c'est Henry Demarsay qui entre vivement
dans le salon, en s'écriant :

— Bonnes nouvelles, bonnes nouvelles!... Pardon de
venir si tard... mais je descends seulement du chemin
de fer...

— Bonnes nouvelles! avez-vous dit? s'écrie Croutmann, tandis que sa femme et sa fille regardent Henry
avec anxiété.

— Est-ce que vous auriez appris... ou rattrapé notre
voleur?...

Pour toute réponse, le jeune homme sort de sa poche
de côté le gros paquet de billets de banque, qu'il présente à l'Alsacien, en lui disant :

— Monsieur Croutmann, vous n'avez rien perdu,
voici la somme que vous aviez confiée à Cramoisan...
Oh! les trois cent mille francs y sont bien, je les ai
comptés...

— Ah! mon Dieu! que nous dites-vous là !...

— Ah! monsieur Henry... Comment avez-vous donc
fait...

— En si peu de temps!... vous avez donc trouvé ce
misérable banqueroutier?...

— Oui, monsieur, grâce à des renseignements que
m'a donnés une personne sur qui je pouvais compter,

j'ai su où se cachait cet homme... ce n'était pas loin de Paris, mais il fallait se hâter. J'ai pris le chemin de fer, je suis arrivé dans le village où était Cramoisan... Je l'ai trouvé; et je l'ai forcé à me remettre la somme qu'il vous emportait, contre votre reçu que je lui ai rendu.

— Comment avez-vous pu obtenir cela de cet homme?

— En lui rappelant un crime, un faux qu'il a commis autrefois... Ce secret, dont mon père m'avait fait dépositaire, mettait ce Cramoisan à ma discrétion... il l'a bien compris et s'est exécuté...

— Ah! ce monsieur avait autrefois commis un faux... Jolie société, et moi qui briguais l'honneur d'aller à ses fêtes!... Ah! monsieur Henry! qu'est-ce que c'est donc que le monde?

— Grâce au ciel, monsieur, il ne se compose pas que de pareilles gens, mais en général il faut prendre garde et ne pas se lier trop facilement. Monsieur, voilà vos trois cent mille francs... prenez-les donc...

Croutmann regarde sa femme qui sourit, sa fille qui a l'air de bouder, et il repousse doucement les billets de banque qu'Henry lui présente en lui disant:

— Non... il est inutile que je les reprenne... ils sont bien entre vos mains... puisque c'est la dot de ma fille.

Ketly pousse un cri de joie, mais Henri dépose les billets sur une table, en disant:

— Ah! monsieur... vous êtes mille fois trop bon... mais je ne puis accepter cette somme...

— Qu'est-ce à dire? comment... est-ce que vous refusez la main de ma fille à présent!... Vous voulez donc la faire pleurer aussi, vous?... Tenez... regardez-la... quelle figure elle fait!...

La jolie blonde semblait en effet toute prête à pleurer, car chez elle le rire et les larmes se succédaient rapidement. Mais Henry court à elle, il prend sa main et la presse contre son cœur, en lui disant:

— Moi, refuser d'être votre mari, chère Ketly, ah! ce sera mon bonheur... cela comble tous mes vœux!... mais, seulement, je prie monsieur votre père de ne point vous donner cette riche dot; nous serons heureux sans cela.

— Ah! voyez-vous, mon père, il ne veut pas de la dot. J'en étais sûre... elle nous contrarie beaucoup, cette dot-là!...

— Allons, allons, enfants, nous allons d'abord vous marier, et, plus tard, j'espère que mon gendre me permettra d'arranger les choses à ma guise. Mais, pour le moment, allons nous coucher, car voilà une journée qui a été bien remplie et j'ai besoin de me reposer. A demain, mon ami!

— Ah! papa, dites-lui mon gendre... c'est bien plus gentil.

— Elle a raison; à demain, mon gendre!...

— A demain, mon cher gendre, dit Gotlieb, en pressant affectueusement les mains du jeune homme.

— Ah! c'est bien cela... comme maman a bien dit!... Et moi... comment vais-je dire?... A demain... monsieur... est-ce qu'il faut encore que je le dise... monsieur?

— Non, ma fille, dit Gotlieb, il est maintenant ton futur époux, ton fiancé... donne-lui simplement son petit nom...

— Ah! c'est cela... Henry! adieu, Henry... à de-

main, Henry... Ah! j'aime bien mieux dire comme cela!

— Chère Ketly!... et vous, monsieur... madame... si vous saviez combien vous me rendez heureux!...

— Et vous, mon ami, croyez-vous donc ne nous avoir rien rendu!... Allons, à demain...

— De bonne heure, Henry!...

Le jeune homme a quitté la famille Croutmann, le cœur plein de joie et d'amour. Il n'en dort probablement pas mieux pour cela, car un grand bonheur nous empêche plutôt de dormir qu'une grande peine, et c'est fort heureux, l'insomnie alors n'est pas désagréable.

Le lendemain, en s'éveillant, Henry se rappelle qu'il a encore un devoir à remplir, et qu'avant de s'occuper de ce qui le touche, il doit rendre la tranquillité à une autre; il s'habille promptement et se rend chez Mathilde.

Il trouve la jeune femme seule, comme la veille, et faisant des paquets de tout ce qu'elle peut emporter, elle tend sa main à Henry, en lui disant:

— Mon ami, il m'est arrivé quelque chose d'heureux... mais cela est si bizarre!... je ne sais si je dois accepter le présent qu'on me fait... en me disant que ce n'est qu'une restitution.

— J'attends que vous me donniez l'explication de cette énigme...

— Tenez, mon ami, regardez dans cette boîte... voyez les beaux diamants... J'ai reçu cela hier, avec ce petit billet qui était dans la boîte... Lisez-le.

Henry lit la petite lettre écrite par Claudinette, et dit après l'avoir lu:

— Ah! c'est bien, c'est très bien ce qu'elle a fait là!... Mais, de sa part, cela ne m'étonne pas!

— Eh bien! mon cher Henry, vous avez lu... que pensez-vous de cette femme?

— Qu'elle n'est pas telle que vous la supposez.

— Est-ce que je puis garder ces diamants?

— Assurément. D'abord je vous certifie qu'elle ne les reprendrait pas; elle ne vous a pas menti, jamais elle n'a été la maîtresse de votre mari; c'est contre son gré qu'il lui envoyait ces riches présents. Vous avez donc parfaitement le droit de garder ce dont votre mari avait disposé en faveur d'une autre femme.

— Alors je garde cela, je vendrai ces diamants et avec leur produit je me ferai une petite rente...

— Mais vous y joindrez ces cent mille francs, que je suis parvenu à me faire donner pour vous... et cela augmentera votre revenu.

— Cent mille francs! Ah! mon Dieu! est-ce que c'est encore une de ses conquêtes qui me renvoie cela?

— Oh! non... ces choses-là n'arrivent pas si fréquemment, mais c'est votre mari que je suis parvenu à rejoindre et de qui j'ai, non sans peine, obtenu cela pour vous...

— Mon mari!... vous savez où il est?

— Je ne le sais plus, car maintenant à coup sûr il n'est pas resté où il était!

— Oh! mon ami, ce n'est pas que je veuille courir après lui, Dieu m'en garde!... Avec cette somme et ce que je réaliserai, j'ai maintenant de quoi vivre... et je ne regrette pas monsieur Cramoisan. Mais comment avez-vous fait pour obtenir de mon mari ces cent mille francs?

— Je l'ai menacé de faire connaître une action qu'il

a commise jadis, et qui aurait pu le faire aller aux galères!...

— Aux galères! Ah! que je suis contente de ne plus être avec cet homme-là!... C'est donc cela qu'en vous voyant ici il était si troublé!... si bouleversé!... Et vous m'aviez caché cela !...

— Sans sa banqueroute, je ne vous l'aurais jamais dit.

— Ah! vous êtes généreux, vous !... Henry, je vous enverrai mon adresse, vous viendrez me voir, n'est-ce pas?...

— Oui, madame, incessamment je pourrai avoir le plaisir de vous présenter ma femme.

La figure de la belle Mathilde s'allonge extrêmement, mais elle tâche de dissimuler ce qui se passe en elle, et répond :

— Ah !... vous allez vous marier?...

— Oui, madame.

— C'est très-bien... je vous souhaite beaucoup de bonheur en ménage... plus que je n'en ai eu, moi.

— Merci de vos souhaits; et maintenant, adieu, madame, rappelez-vous que si je puis vous être utile, je suis toujours à votre disposition...

— Vous êtes trop bon... je ne l'oublierai pas.

Henry salue Mathilde, qui ne lui donne plus la main, et remonte en voiture en se disant :

— Maintenant, allons remercier Claudinette; ensuite je pourrai ne plus songer qu'à mes amours.

Claudinette venait de se lever lorsque sa femme de chambre lui annonce Henry, elle reçoit l'ordre de l'introduire aussitôt.

A l'air de satisfaction qui brille dans les yeux du jeune homme, la jolie femme devine sur-le-champ qu'il a réussi dans son entreprise. Henri s'empresse de presser dans les siennes la main qu'elle lui présente, en lui disant :

— Réussite complète !... le Cramoisan a rendu les trois cent mille francs pour la famille Croutmann, et, de plus, je lui ai fait donner cent mille francs pour sa femme... Tout le monde est heureux ! et tout cela grâce à vous, Claudinette, grâce à votre générosité... à votre dévouement !...

— Qu'est-ce qu'il dit, ma générosité !... mon dévouement !... Mais, mon ami, puisque je ne voulais pas aller avec cet homme, je ne vois pas quel mérite il y a dans ma conduite...

— Et ces diamants que ce Cramoisan vous avait donnés, et que vous avez renvoyés à sa femme...

— Ah! elle vous a dit?... Eh bien! après tout, je n'ai fait qu'une chose toute naturelle... cela vous étonne donc beaucoup de ma part ?

— Non, tout ce qui annonce un bon cœur, une âme généreuse, ne saurait m'étonner de vous... Claudinette, je suis votre ami, votre ami pour toujours, entendez-vous ?

— Dame... oui... soyez mon ami... puisque vous n'avez pas voulu être autre chose...

— Croyez-moi, chère Claudinette, de cette façon cela durera davantage...

— Vous croyez... c'est possible !... mais moi... enfin, n'y pensons plus.

— Je suis venu pour vous apprendre la réussite de mon entreprise, pour vous remercier ; maintenant, permettez-moi de vous quitter, car je suis attendu par ces heureux que vous avez faits.

— Allez, mon ami, allez, je n'ai plus qu'une prière à vous adresser... promettez-moi d'y acquiescer ?

— Parlez... je le promets d'avance...

— Eh bien ! c'est de ne jamais être plus de six mois sans venir me voir... suis-je trop exigeante ?

— Non... Et si je viens plus souvent ?...

— Ah ! alors... mais non... six mois... car il ne faut pas que je vous voie souvent, je m'y habituerais trop... Je ne pourrais plus m'en passer !... Adieu, mon ami.

— Non, Claudinette... au revoir !...

XVI

ENCORE LES BLAGUEURS

Berlingot avait, un des premiers, su la faillite et la fuite du banquier Cramoisan. N'ayant plus rien à espérer du côté des Croutmann, auxquels d'ailleurs il ne tenait plus, du moment que ceux-ci perdaient la dot de leur fille, et obligé de se soustraire aux poursuites de ses créanciers, qui venaient chaque jour le relancer dans son bel appartement du boulevard Malesherbes, où il ne restait plus cependant de meublée que la chambre à coucher : le portier était parvenu à se mettre à l'abri des revendications du tapissier; Berlingot avait laissé Croquet devant sa caisse vide et s'était empressé de quitter un logement dans lequel il craignait à chaque instant de voir arriver Robillot, qui, depuis qu'il avait rencontré le faux Perdaillon, ne pouvait tarder à savoir la vérité; de tout cet argent que les deux associés avaient reçu du marchand de fromages, il ne restait plus rien, et encore était-on criblé de dettes, la chance au jeu, ayant été, depuis quelque temps, constamment mauvaise pour Volenville et Berlingot. Mais la vie de ces messieurs, comme celle de tous les mauvais sujets de cette espèce, était sans cesse partagée par la hausse ou la baisse; seulement, lorsqu'ils étaient en fonds, au lieu de payer leurs dettes, ils faisaient beaucoup d'embarras, beaucoup d'esbroufe, ce qui leur servait à faire de nouvelles dupes.

Berlingot est allé se loger en garni, en attendant qu'il trouve de quoi se remettre à flot. Volenville a été plus adroit : au lieu d'attendre que le tapissier vienne reprendre ses meubles sur lesquels il n'a donné qu'un faible à-compte, il les vend lui-même à un usurier et quitte aussi son appartement, sans dire où il va, pas même à Fricandeau auquel il n'a pas payé ses gages. Il change de quartier; c'est dans le faubourg Saint-Germain, aux environs de l'Odéon, qu'il trouve un hôtel d'assez belle apparence où il va se loger.

Quelques jours après celui où Henry Demarsay est parvenu à rejoindre Cramoisan et à lui faire rendre l'argent qu'il avait reçu de Croutmann, sur les trois heures de l'après-midi, Volenville se promenait dans le jardin du Palais-Royal, où il espérait rencontrer Berlingot; c'était presque toujours là que ces messieurs se retrouvaient; en effet, il n'attend pas longtemps : Berlingot arrive, toujours pimpant, élégant, un londrès à la bouche et donnant le bras à Croquet, qui est infiniment moins élégant et a coupé ses moustaches.

— Bonjour, messieurs, dit Volenville, je vous attendais, car enfin depuis quelque temps nous ne faisons rien, que perdre notre argent au jeu... encore hier, j'ai perdu à peu près tout ce qui me restait de la vente de mes meubles... Il est temps, il me semble, que nous prenions une bonne revanche. Qu'en pensez-vous ?

— Je suis tout à fait de ton avis, mon cher !... dit Berlingot, en envoyant une belle fumée dans le nez de Croquet, qui dit :

— Moi, je suis toujours de votre avis ; seulement, ici, je crains que nous ne rencontrions l'homme aux fromages... il est maintenant très en colère... il y a deux jours, il m'a aperçu sur le boulevard, il m'a arrêté, a commencé la conversation en m'appelant filou, escroc !... Le monde allait s'amasser. Je n'ai pu lui échapper qu'en montant dans un omnibus qui passait complet ; le conducteur me dit : « Vous ne pouvez pas entrer dedans, ni monter dessus, c'est plein partout — De grâce, lui dis-je, laissez-moi quelques minutes sur votre marche-pied... cet individu qui me poursuit est un mari jaloux... il croit que je suis l'amant de sa femme... et je vous jure que je ne suis que son courtier en foulards... » Le conducteur a ri, il m'a laissé près de lui quelques minutes, puis une dame est descendue, et j'ai échappé au Robillot...

— Et c'est depuis ce temps-là que tu as coupé tes moustaches ?

— Dame ! ça me change toujours un peu.

— Messieurs, si je vous retiens ici, c'est que j'espère y voir bientôt arriver le pigeon sur lequel nous allons essayer de nous refaire un peu...

— Et quel est ce pigeon-là ?

— Eh ! parbleu ! le jeune Russe, le comte Ladiscof !... Et il est temps de nous y prendre si nous voulons en tirer pied ou aile, car, au train dont il va, je crois qu'il verra bientôt la fin de ses roubles...

— Bah ! vraiment ; et où donc joue-t-il ?

— Chez la Sainte-Hermine ; je l'y ai mené, et pour se distraire de son amour malheureux pour la rebelle Astrakan, qui ne veut pas de lui, il fait la cour à toutes les cocottes qu'il trouve là... il dépense son argent en cadeaux... ensuite il joue pour se refaire ; mais vous pensez bien que ces dames le trichent à qui mieux mieux !... Alors...

— Messieurs ! messieurs ! s'écrie Croquet, Nicodème et Thérèse qui débouchent de la galerie à gauche...

— Ah ! fichtre !... garons-nous !...

Ces trois messieurs se hâtent de gagner la galerie opposée, mais ils suivent de l'œil les deux époux ; ils voient avec joie que le couple ne s'arrête pas dans le jardin et s'éloigne dans la grande galerie d'Orléans.

— Sauvés ! dit Volenville. Revenons à ce que je vous contais du jeune Russe... il faudrait lui donner une soirée où nous ne serions qu'avec des amis... de ceux sur qui l'on peut compter.

— Cela va sans dire... Mais, cette soirée, qui la donnera ?...

— Ce ne sera pas chez moi, dit Croquet, j'habite pour le moment dans une soupente !

— Moi, je ne suis pas dans une soupente, dit Berlingot, mais je n'ai qu'une petite chambre mesquine dans un pauvre hôtel... cela n'attire pas son monde !

— Alors, messieurs, je propose de donner la soirée chez moi. J'habite un hôtel de belle apparence... J'ai un logement fort convenable... Je ne suis pas dans

mes meubles, mais monsieur le comte ne s'informera pas de cela !... Pourvu qu'il trouve des personnes qui lui tiennent tête en jouant gros jeu, c'est tout ce qu'il lui faut, et il les trouvera !

— Pardieu !... je préviendrai Vernouillet, Déméloir...

— A quoi bon, Déméloir ? il ne joue pas !

— Il occupe, il fait des vers, ils sont détestables et cela fait rire... il est bon d'avoir quelqu'un qui fait rire... cela distrait. Je verrai Duremy, Despriol, Le Jeune...

— Ce sera assez ; il n'est pas nécessaire d'être tant de monde...

— Et des femmes... est-ce que tu n'en auras pas ?... Ton jeune Russe qui les aime tant !...

— Oui ; j'en inviterai deux ou trois, pas plus... pour que leur babil distraie le comte. J'aurai cette Primerose, qui était avec Cramoisan ; depuis qu'il a fait banqueroute, il faut voir comme elle l'arrange !... Il paraît qu'elle en sait de drôles sur son compte !...

— Eh bien, quand donneras-tu cette soirée ?...

— C'est pour le savoir même qu'il faut que je voie le jeune Agénor Ladiscof... Vous concevez que s'il n'est pas en fonds en ce moment, il vaudrait mieux attendre...

— Oh ! assurément ; mais alors il n'était donc pas aussi riche qu'il le disait, ce monsieur, s'il voit déjà la fin de sa fortune ?

— Eh ! messieurs je l'entendais, l'autre soir, chez la Sainte-Hermine, dire qu'il avait mangé ou perdu, comme vous voudrez, un demi-million depuis qu'il a quitté la Russie !... Enfin, peut nous importe pourvu qu'il ne soit pas au bout de son rouleau !... Croquet, il faudra soigner un peu plus ta toilette pour venir à ma soirée...

— Je dirai à Gribiche de me repasser un faux col et des bouts de manches.

— Est-ce que tu n'as pas un autre paletot que celui-ci... qui commence à se râper !...

— J'en ai deux autres, mais ils sont chez ma tante !...

— Tiens, voilà un louis, retire un de tes paletots... Mais ne va pas dépenser cela avec ta Gribiche ! ..

— Le plus souvent !... Elle m'aime bien mieux depuis que je ne lui donne plus rien... Ah ! encore les fromages de Brie qui sortent de la galerie d'Orléans !... Je me sauve, moi !... j'ai peur de Thérèse... Thérèse...

— Ma foi ! j'en fais autant, dit Berlingot, car, ces campagnards, ça ne sait pas vivre... Ils seraient capables de me faire une scène dans le jardin... Au revoir, Volenville, à onze heures devant l'Opéra !

Ces deux messieurs ont disparu. Volenville gagne une galerie opposée à celle que le couple Robillot vient de quitter. Il y est à peine, qu'il aperçoit le jeune Agénor. Le comte s'empresse d'aller à lui :

— Bonjour, mon cher monsieur de Volenville !... Est-ce vrai, ce que l'on dit ? Le banquier Cramoisan est en fuite, et il a emmené avec lui la ravissante Astrakan.

— Le banquier est en effet parti, monsieur le comte ; il a levé le pied, comme on dit dans le commerce... Est-ce qu'il vous emporte de l'argent ?

— Non. Oh ! je n'avais rien chez lui !... Mais s'il emporte mademoiselle Astrakan ?...

— Non, il ne l'emporte pas !... Vous êtes donc toujours amoureux de cette courtisane ?

— Hélas ! j'ai beau me ruiner pour me distraire, j'y pense toujours !... Je suis allé chez mon banquier, pour un nouvel envoi de fonds !... Mon banquier n'avait pas encore reçu l'acte ce matin... mais il l'attendait. Après-demain, au plus tard, je serai en état de prendre une belle revanche au baccarat ou au lansquenet...

— Eh bien, voulez-vous venir la prendre chez moi ?.. Après-demain, je donnerai une soirée... J'aurai de beaux joueurs... et quelques dames pour égayer la conversation !...

— Oh ! volontiers, je suis des vôtres avec plaisir.

— Tenez, monsieur le comte, voici mon adresse... A dix heures, on se réunira.

— Très-bien, comptez sur moi. Je vous quitte... Je retourne chez mon banquier savoir s'il a reçu l'avis.

Le jeune comte serre les mains à Volenville et s'éloigne... L'homme d'affaires, tout joyeux d'avoir vu Agénor et certain qu'il viendra à sa soirée, quitte la galerie, entre dans le jardin et se dispose à le traverser pour aller dîner chez Véry, lorsque, à quinze pas devant lui, il aperçoit les époux Robillot. Il s'arrête un instant, mais il n'est plus temps de les éviter ; d'ailleurs il s'aperçoit qu'ils l'ont vu ; prenant alors son parti, il court lui-même au-devant d'eux, et les aborde en s'écriant :

— Ah ! vous voilà !... mes enfants, mes chers amis !.. Mais où donc vous cachez-vous ! Depuis plusieurs jours je passe mon temps à vous chercher... Enfin, vous voilà !... mes pauvres amis !... Savez-vous ce qui est arrivé ?...

Robillot et sa femme, tout étonnés de ce qu'ils entendent, ne savent plus ce que cela veut dire. Cependant Robillot retrouve la parole et bredouille :

— Nous savons... oui, certainement, nous savons qu'on nous a volés !...

— Et moi donc, mes enfants !... et moi !... Ah ! les gueux ! les gredins !... Ce Berlingot, comme il m'a volé !... Tout ce que je possédais, je l'avais réalisé pour le confier à sa maison... tout, mes enfants !... Le fruit de vingt ans d'économies et de travail !...

— Eh bien, et nous ? l'héritage de mon cousin !...

— Oh ! mais rassurez-vous, mes amis, on retrouvera nos fripons ! On est sur leurs traces... J'ai envoyé... j'ai expédié quelqu'un de sûr, qui mettra la main dessus... et, une fois arrêtés, nous les forcerons bien à restituer... si ce n'est tout, du moins une partie de ce qu'ils nous emportent !...

— Ah ! entends-tu, Thérèse ? il dit qu'on rattrapera Berlingot, qu'on le fera restituer !... Ah ! c'est un bon enfant, lui !... Je savais bien qu'il viendrait à notre aide !... D'ailleurs, ils l'ont mis dedans aussi ; ils lui emportent ses économies...

— Oui, madame, oui, ne vous chagrinez pas... je vous ferai rentrer dans une partie de ce qu'on vous emporte...

— Entends-tu, Thérèse, il nous fera rentrer quelque chose...

— Nicodème, est-ce que nous n'allons pas dîner ? J'ai bien faim !...

— Ah ! elle a faim !... Voilà son refrain continuel !... Je trouve que l'air de Paris l'ouvre trop l'appétit...

— Comment ! vous n'avez pas dîné ? s'écrie Volen-ville. Mais venez donc bien vite avec moi !... je vous offre à dîner... Madame, veuillez accepter mon bras, je vais vous mener chez un de nos premiers restaurateurs !...

— Oh ! ça te va, toi, ça, Thérèse !... Voyez-vous comme elle empoigne tout de suite votre bras !... Ma foi, ça me va aussi !... Avec vous, on dîne joliment ! Tenez, vous nous avez mis du baume dans le sang... Je me disais toujours : « Si j'ai été attrapé, ça ne peut pas être la faute de mon ami l'homme d'affaires. »

Volenville conduit le couple Robillot chez Véry, se fait ouvrir un cabinet, parce qu'il ne veut pas que ses convives se donnent en spectacle aux personnes qui dînent dans les salons. Mais là, il fait venir un dîner bien substantiel, bien succulent ; des vins de Bourgogne les plus capiteux, puis il bourre, il enivre ses convives, qui ne demandent pas mieux que de se laisser bourrer et délecter avec des vins qui leur étaient jusqu'alors inconnus.

Le résultat de ce festin ne se fait pas attendre. Au dessert, Robillot est gris à ne plus pouvoir se tenir ; Thérèse déclare qu'elle est incommodée et veut rentrer chez elle ; c'est tout ce que demandait Volenville. Il fait venir un fiacre, puis, avec l'aide de deux garçons du restaurant, parvient à faire descendre les époux, et ce qui était plus difficile, à les faire entrer dans la voiture ; cela nécessite le secours de deux commissionnaires ; alors Volenville s'éloigne, enchanté de s'être ainsi débarrassé des époux Robillot.

XVII

LA DERNIÈRE PARTIE

Il est dix heures du soir. Volenville se promène dans son petit salon ; il examine si tout est disposé, si rien ne manque pour bien recevoir, bien traiter le monde qu'il attend. Pour cette soirée, il a dépensé à peu près tout ce qui lui restait sur la vente de son mobilier ; mais il aura des pâtisseries, des fruits glacés, du vin de Bordeaux et différents punchs à flots. Il a aussi trouvé dans son hôtel deux valets pour servir son monde, pour apporter du punch brûlant aux joueurs.

Les amis intimes ne tardent pas à arriver : Vernouillet rit toujours et demande sur-le-champ à goûter le punch pour savoir s'il est bien fait. Démêloir en demande également, pour tâcher de trouver plus facilement une rime qui lui est rebelle.

Pendant que ces messieurs gouttent le punch, Berlingot prend Volenville à part, et lui dit :

— Ton jeune Russe va venir.

— Oui, je l'ai encore revu ce matin au café Anglais, je sais qu'il a touché ses fonds.

— La dernière fois que tu as joué avec lui, tu lui as gagné plus de soixante mille francs à l'écarté ?

— Oui, en effet.

— Tu sais que j'y suis aussi heureux que toi, à l'écarté. Que ces messieurs gagnent ou perdent avec lui au lansquenet, au baccarat, quelques billets de mille francs, soit !... mais à nous deux, il nous faut mieux que cela... Si c'est encore toi qui gagne ton jeune comte à l'écarté, cela pourrait lui donner l'idée qu'on le triche !... Ne penses-tu pas qu'il vaudrait mieux qu'il jouât avec moi ?... Tu parierais de ton côté, tu aurais l'air de perdre aussi... Ce serait plus adroit.

— Tu as raison ; oui, de cette façon cela éloigne tous les soupçons qu'il pourrait concevoir. Tu joueras à l'écarté avec lui, tu lui gagneras tout son argent, tout le mien... Je jouerai sur parole quand je n'aurai plus de quoi mettre au jeu... Mais, demain matin, avant de t'en aller, nous partageons ?...

— Parbleu, cela va de source !... Est-ce que nous ne sommes pas associés !...

L'arrivée de deux dames met fin à cet entretien. C'est la jolie Primerose, beauté langoureuse par moments, mais dont le cœur est tellement sensible, qu'elle ne sait, dit-on, rien refuser à personne. Celle-ci-devant maîtresse du banquier Cramoisan arrive accompagnée d'une grande brune, à l'allure hardie, aux manières libres et même un peu communes, que l'on nomme : madame de Belœil ; celle-ci s'écrie en entrant :

— Tiens ! ça sent bon ici !... On ne nous a pas attendues pour boire du punch ! mais je vous aurai bien vite rattrapés, messieurs ! En attendant, je veux du tabac pour faire des cigarettes... j'en ferai toute la nuit, mais je ne les vendrai pas moins d'un louis pièce !... Ah ! c'est que j'ai un certain chic pour faire des cigarettes, et d'une seule main, mon petit, et en deux temps !...

M. Démêloir va baiser la main de cette dame, en lui disant :

Qu'elles doivent être bien faites,
Par cette main, les cigarettes !...

— Tiens ! entends-tu, Primerose, monsieur qui me parle en vers ?...

— Monsieur en est bien capable ! répond Primerose en se laissant tomber sur une causeuse et en adressant des sourires à tous ces messieurs. Pendant ce temps, le poète Démêloir, que le punch a mis en verve, s'incline de nouveau devant madame de Belœil, en murmurant :

Pour la beauté, moi, je prétends
Faire des vers incontinents.

— Ah çà ! vous êtes un véritable mirliton, mon cher !... Il faut vous découper et vous coller sur un bâton ! Mais où donc est le petit Russe ? je ne le vois pas... Volenville, vous m'avez dit que vous auriez le petit comte russe !... C'est que je l'aime beaucoup, moi, ce jeune boyard, il est très-galant !... Il me commande toujours des cigarettes, et il ne me les marchande pas...

— M. le comte Ladiscof va venir, madame, soyez tranquille, vous trouverez le placement de vos cigarettes. Et, tenez... je l'entends.

Agénor entre dans le salon. Depuis son séjour à Paris il est changé, maigri, ses traits sont fatigués ; mais on ne mène pas longtemps impunément une vie de folies, de plaisirs, de désordres. Même à vingt ans, lorsqu'on passe ses nuits à jouer, à boire, à courtiser les belles, on a bientôt perdu cette fraîcheur de la jeunesse qui, une fois partie, ne revient plus.

Agénor est accueilli, fêté par tout le monde ; les hommes aiment en lui le beau joueur, le gentilhomme parfait, qui perd son argent sans jamais se plaindre ; les femmes, le cavalier galant qui croit tout ce qu'elles lui disent, même quand elles lui jurent qu'elles l'adorent, et qui ne sait rien leur refuser. Aussi l'arrivée du comte donne-t-elle aussitôt de l'animation à la soirée. Un petit bac se forme ; on joue, on fume, on boit, on rit. Madame de Belœil ne suffit plus à faire des cigarettes ; Agénor en fume constamment, et ne s'occupe pas encore beaucoup du jeu, parce qu'il écoute Primerose, qui vient de prononcer le nom de madame Astrakan.

— Oui, messieurs, dit la sentimentale courtisane, ce misérable Cramoisan... je l'appelle misérable parce qu'il s'est conduit, avec moi, comme un pleutre...

— Dis donc tout de suite d'une façon infecte ! s'écrie la Belœil, et tu n'en diras pas trop !...

— Oui, tu as raison, le trait qu'il m'a joué est infect !.. Messieurs, vous allez en juger : En me promenant un jour au bras de Cramoisan, je m'arrête devant un beau magasin de bijoux... Je m'arrêtais volontiers devant ces endroits-là. J'aperçois, dans une vitrine, une broche en diamants d'un très-bon goût... Je la fais remarquer à mon banquier, qui l'admire comme moi... Le prix était dessus : huit mille francs ; une misère !... Qu'est-ce que c'était que huit mille francs pour un millionnaire, comme l'était alors ce monsieur ?... Je lui fais entendre que j'aurais bien envie de ce bijou ; il ne répond rien et se contente de sourire Très-bien ! me dis-je, n'ayons pas l'air ; demain, je suis certaine que je trouverai, à mon réveil, la broche sur mon somno. Le lendemain, je ne trouve rien ; cela m'agace, je veux revoir la broche ; je me rends chez le bijoutier... Elle n'y est plus. Je m'informe... on me répond qu'elle a été vendue, la veille, à M. Cramoisan. Oh ! pour le coup, me dis-je, il va me l'apporter tantôt !... Pas du tout ! il ne m'apporte rien, et j'apprends qu'il a envoyé ce bijou... chez cette Astrakan !...

Les hommes rient, excepté Agénor, qui murmure :

— Ah ! la charmante Astrakan... elle était sa maîtresse ?

— Mais non, le plus joli de l'histoire, c'est qu'elle n'a jamais voulu de lui. Il en a été pour ses présents. Il se flattait, dit-on, qu'elle l'accompagnerait à l'étranger... Mais pas de ça, Lisette !... Elle ne l'a pas suivi, car elle est toujours à Paris.

— Tenez, comte, voilà encore trois cigarettes... avec douze que je vous ai déjà faites, c'est quinze que vous me devez...

— Belle dame, voici vingt louis, c'est encore cinq que vous voudrez bien me faire...

— Oui, cher ami !... Est-il gentil, le jeune Russe !... A la bonne heure, voilà comme j'aime les étrangers !... Volenville, envoyez-moi du punch !... Je veux boire à la santé du comte Ladiscof.

Volenville a grand soin que le punch ne manque pas. Ces dames se mettent au jeu ; mais le baccarat reste dans des proportions assez modestes. Quelques billets de mille francs seulement ont été perdus et gagnés ; de temps à autre, Agénor s'écrie :

— Cela ne va pas, messieurs. Nous jouons comme des rats.

— Il est ravissant, dit la Belœil, je viens de risquer cent francs, et il dit que cela ne va pas !...

— Ce ne sont pas là des coups... Je renonce au baccarat.

Agénor quitte la grande table et s'adresse à Volenville, qui ne jouait pas, et qui observait tout ce qui se passait.

— Eh bien, mon cher de Volenville, quand la faisons-nous, cette belle partie, cette revanche que vous m'avez promise?... car ces messieurs et ces dames jouent comme des enfants... Et l'autre soir, chez votre ami Arthur, nous y allions d'une autre façon; vous en souvenez-vous?

— Assurément, monsieur le comte. Je vous ai même gagné une assez forte somme... Et, franchement je serais très-contrarié si la chance devait m'être aussi favorable... C'est ce qui me retient pour vous offrir votre revanche... Mais, tenez, voici un jeune capitaliste, qui aime, comme vous, à jouer gros jeu... Il fera volontiers votre partie, et, si vous le permettez, je parierai de votre côté.

— Oh! très-volontiers! du moment qu'un gros joueur se présente, c'est tout ce que je demande!...

— Monsieur Berlingot!...

Berlingot, qui alors regardait jouer au baccarat, et feignait de ne s'occuper que des dames, s'empresse de se rapprocher de Volenville, qui lui dit:

— Monsieur Berlingot, voilà monsieur le comte Ladiscof, qui aime à jouer gros jeu... Je sais que cela entre aussi dans vos habitudes.

— Ma foi! oui, messieurs, ne me parlez pas de ces parties où se mêlent les dames!... Hier, chez un de nos artistes en vogue, j'ai perdu près de deux cent mille francs!... Au moins, cela occupe, cela donne des émotions... Et puis, on regagne une autre fois.

— Eh bien, voulez-vous faire la partie de M. le comte?... Il joue de préférence l'écarté.

— Très-volontiers... Je joue tous les jeux, moi, et ils m'amusent tous... Va pour l'écarté! Monsieur le comte, je suis à vos ordres.

Agénor et Berlingot s'établissent à une table à part et Volenville leur donne des jeux de cartes, en disant à Berlingot:

— Vous tiendrez bien ce que je ferai de plus que monsieur, n'est-ce pas?

— Je vous déclare que je tiens tout ce qu'on veut. Que jouons-nous, monsieur le comte?...

— Cinq mille francs pour commencer, cela vous va-t-il, monsieur?

— Tout me va!... C'est convenu!...

— Et moi, j'en parie mille en sus pour M. Ladiscof.

— Cela suffit, mon cher Volenville; vos mille francs en sus sont tenus.

La partie s'engage: Agénor perd la première, puis la seconde; il en perd ainsi quatre de suite. Ces messieurs ont joué le même jeu. Volenville a continué de parier.

Après la quatrième partie, le jeune Russe demande du punch, en avale plusieurs verres, puis dit à son adversaire:

— C'est vingt mille que je perds... Voulez-vous que nous en jouions dix mille?

— Avec grand plaisir, je ne recule jamais...

— Oh! mais voilà une partie qui devient bien intéressante! s'écrie la Belœil, en quittant le baccarat pour venir voir jouer à l'écarté. On joue des dix mille francs à la fois!... Est-ce que vous jouez pour rire, messieurs?

Pour toute réponse, Agénor sort de sa poche une liasse de billets de banque qu'il pose sur la table.

— Oh! mais, non, je vois que c'est sérieux! reprend la grande brune! En voilà, du papier de soie!...

— Moi, dit Volenville, je prie monsieur Berlingot, de me faire crédit... Je joue sur parole... mais je le payerai plus tard...

— Très-bien! très-bien! je ne suis pas inquiet! Que jouez-vous?

— J'ai perdu quatre mille francs, j'en joue deux.

— C'est entendu.

On reprend la partie. La fortune continue de favoriser l'adversaire d'Agénor; celui-ci perd encore quatre parties de dix mille francs; il commence à éprouver cette fièvre qui s'empare presque toujours du joueur en déveine, et fait qu'alors il n'est plus capable de raisonner, de résister à cette passion qui l'entraîne vers sa ruine. D'une main convulsive, le jeune homme compte soixante billets de mille francs qu'il prend dans le paquet qu'il a placé près de lui, il les pousse devant Berlingot, qui lui dit:

— Vous ne voulez plus jouer? Vous en avez assez?...

— Assez!... oh! non, jamais!... Il y en a encore quinze, là... Mais ce n'est pas tout!... j'en ai sur moi, dans une autre poche...

— Oh! alors, c'est différent! vous allez vous rattraper!

— Le plus souvent qu'il se rattrapera! murmure madame Belœil en s'éloignant de la table de l'écarté. Moi, ça m'ennuie de le voir perdre comme ça ce petit Kofkof!... Déjà soixante mille francs, bigre! c'est autre chose que mes cigarettes... Primerose, viens à la commode qui représente le buffet... allons nous permettre des sandwichs... si toutefois il y en a; ensuite nous nous ferons reconduire par Berlingot... Il faudra qu'il paye un fameux déjeuner, celui-là. Et le poëte?... Où est donc le poëte!... Je veux qu'il me fasse des vers...

— Il vient de partir, dit Vernouillet en riant, après avoir bourré ses poches de brioches, de macarons et de babas.

— O le gourmand!... il est capable de faire rimer tout cela ensemble.

Agénor a fouillé de nouveau dans sa poche: il en sort un autre paquet de billets de banque et en fait le compte. Il y en a pour soixante-cinq mille francs; avec les quinze mille qui lui restent du premier paquet, c'est donc quatre-vingt mille francs dont il est encore possesseur. Il regarde Berlingot d'un air de défi, bien que l'ivresse du punch et du jeu commencent à donner à son regard quelque chose d'égaré et s'écrie:

— Vous le voyez, monsieur, j'ai de quoi vous tenir tête...

— Je n'en ai jamais douté, monsieur!

— Je vous propose de jouer vingt mille francs cette fois! Le voulez-vous?

— Assurément, monsieur; trop heureux de pouvoir vous donner votre revanche.

Mais, au lieu d'une revanche, c'est une nouvelle perte qu'essuie Agénor. Après cette partie de vingt mille francs, il en perd une seconde; ce n'est donc plus que quarante mille qui lui restent. Pâle, tremblant, buvant souvent du punch pour retrouver son courage, le jeune homme regarde les billets qui lui restent, les compte encore, les contemple d'un œil morne, balbutie:

— Que ferai-je avec cela ?... Puis s'écrie tout à coup .

— Les quarante mille francs, monsieur... les quarante mille francs d'une seule partie... le voulez-vous ?

— Toujours, monsieur, tout ce qui vous sera agréable.

Le jeu s'engage. Tous ceux qui étaient encore dans le salon s'approchent pour être témoins de cette intéressante partie. Comme à celles qui ont précédé Berlingot est vainqueur. Agénor demeure muet et comme anéanti sur sa chaise, sa tête est tombée sur sa poitrine, il ne regarde plus rien de ce qui se passe autour de lui. Berlingot s'empresse de mettre les billets de banque dans sa poche, quitte la table et passe vivement dans l'autre pièce, en disant :

— Ma foi ! je mérite bien de prendre quelque chose.

XVIII

JUSTICE DIVINE

Volenville croit devoir adresser quelques paroles de consolation au vaincu... Il prend les cartes, les jette avec colère dans la chambre, en s'écriant :

— Maudites cartes !... elles étaient donc ensorcelées !... J'y suis pour trente mille francs, moi ! Certainement c'est peu de chose auprès de ce que vous perdez, monsieur le comte... Mais vous aurez votre tour... la fortune est très-inconstante... incessamment vous gagnerez peut-être le double de ce que vous perdez ce soir...

S'apercevant que celui auquel il s'adresse reste immobile et ne lui répond pas, Volenville s'imagine qu'il s'est endormi, que le punch l'a étourdi au point de lui faire oublier sa perte en cédant au sommeil. Il s'éloigne alors d'Agénor, en se disant :

— Qu'il dorme !... cela lui fera du bien !... ça le calmera... Allons retrouver Berlingot.

Mais Berlingot, qui avait quitté le salon aussitôt après le jeu, n'est pas dans la première pièce. Volenville n'y trouve plus que Vernouillet, qui s'est assis devant les pâtisseries et trempe de la brioche dans du vin de Bordeaux.

— Eh bien, où donc est Berlingot ? s'écrie Volenville.

— Berlingot vient de partir avec ces deux dames ; elles l'ont supplié de les reconduire ; il m'a dit : « Mon bon Vernouillet, dites à Volenville que je suis obligé de reconduire ces dames, mais qu'il soit tranquille, je viendrai le voir demain matin de fort bonne heure. »

Volenville frappe avec colère sur un meuble, en disant :

— Que le diable emporte ces dames !... Berlingot avait bien besoin de les reconduire... Ce n'est pas là ce dont nous étions convenus...

— Mon cher ami, tu sais comme est la Belœil... un homme qui vient de gagner une grosse somme au jeu... elle se fourrerait dans... son paletot !...

— Mais Berlingot n'est plus un niais qui écoute ces dames... Enfin, il viendra de bonne heure demain, a-t-il dit ?

— Oui, demain, c'est-à-dire aujourd'hui ; car il est quatre heures du matin, je ne sais pas si tu t'en doutes... Et ton Russe, qu'en as-tu fait ?

— Il dort.

— Il faut le laisser dormir, ce pauvre garçon ! il rêve peut-être qu'il gagne... Ma foi ! je vais aussi aller me coucher, moi. Bonsoir et bonjour, cher ami...

— Bonsoir, Vernouillet.

Volenville est très-contrarié de l'absence de Berlingot. Il rentre dans son salon et y trouve Agénor qui a laissé tomber sa tête sur la table et, cette fois, cédant à la fatigue, à l'ivresse, s'est profondément endormi. Volenville se jette sur une causeuse en se disant :

— Je ne peux vraiment pas le réveiller pour le renvoyer à présent... Qu'il dorme quelques heures... quand il fera jour il sera temps de lui dire de regagner son hôtel... Je vais essayer de dormir aussi dans ce fauteuil ; mais je suis bien sûr que je ne dormirai pas... Certainement je ne suis pas inquiet de Berlingot... nous sommes associés !... Mais il a sur lui les cent quarante mille francs qu'il a gagnés au Russe... C'est une belle somme ! Pourquoi diable ai-je invité ces femmes à venir à ma soirée ! et quelle sottise d'aller les reconduire !...

Tout en faisant ces réflexions et beaucoup d'autres, Volenville se tourne et se retourne dans sa causeuse ; il tâche de dormir, mais il ne peut y parvenir. Il écoute sonner les heures, il calcule le temps, qui semble si long, la nuit, lorsqu'on espère quelque chose pour le lendemain. Enfin le jour paraît ; Agénor s'éveille, il regarde autour de lui en balbutiant :

— Où suis-je donc ?

— Chez moi, monsieur le comte, dit Volenville en s'approchant du jeune homme. Chez moi, où vous vous êtes endormi, après cette partie d'hier... où vous avez encore été battu.

— Ah ! oui, je me souviens à présent ! répond Agénor en passant sa main sur son front. Oui... j'ai perdu... Oh ! j'ai tout perdu cette fois... à présent, je sais ce qui me reste à faire.

En disant cela, le jeune homme s'est levé et marche à grands pas dans la chambre, en balbutiant de nouveau :

— Oui... je sais ce qui me reste à faire !...

Volenville est alors frappé de la pâleur, de l'air sombre et grave avec lequel Agénor vient de répéter ces paroles, et lui dit :

— C'est de rentrer à votre hôtel, de vous mettre dans votre lit et de bien vous reposer jusqu'à l'heure de votre dîner.

— Non, non... ce n'est plus cela que je dois faire... je vais aller à la rivière... et je me jetterai à l'eau...

— Qu'est-ce que vous dites-là, monsieur le comte !... Vous jeter à l'eau... pour vous baigner à l'heure qu'il est... mais d'abord il fait trop froid !...

— Oh ! ce n'est pas pour me baigner que je vais me jeter dans la rivière... c'est pour me noyer...

— Vous noyer !... Oh ! par exemple !... et pourquoi donc avez-vous de ces idées-là ?... Quoi ! pour une perte au jeu, perte que vous réparerez plus tard... vous vous abandonnez au désespoir ?...

— Oh ! non, je n'ai pas de désespoir, mais je vais me noyer, parce que je n'ai plus le sou.

— Écrivez en Russie pour qu'on vous renvoie de l'argent...

— Inutile ! on m'avait prévenu que cet envoi était le dernier que l'on avait à me faire... Je ne possède plus rien là-bas, à ce qu'il paraît.

— Eh bien, monsieur le comte, en tout cas, au

lieu de me laisser aller à des idées de suicide, j'aimerais mieux retourner en Russie, dans ma patrie, où sans doute des amis s'intéresseraient pour leur compatriote.

Agénor secoue la tête et murmure tristement :

— La Russie n'est pas ma patrie... et ils le savent bien là-bas...

— Comment !... vous n'êtes pas Russe ?... Vous n'êtes pas né à Pétersbourg ?

— Non, monsieur.

— Et de quel pays êtes-vous donc ?

— Je suis Français... et c'est à Paris que je suis né...

— Français... né à Paris... Je n'en reviens pas !... Le comte Ladiscof habitait donc Paris autrefois ?

— Non... mais vous comprendrez bien vite, quand vous saurez que je ne suis pas le fils du comte Ladiscof.

— Ah ! mon Dieu !... c'est donc tout un roman ?...

— C'est une chose toute simple, toute naturelle et qui doit arriver souvent... Ma mère était une simple lingère, ouvrière en linge à Paris... mais elle était jolie... Ah ! elle était bien jolie !... Qu'avez-vous donc, monsieur ? on dirait que vous chancelez...

— Rien... rien... un étourdissement... Attendez... laissez-moi m'asseoir près de vous... là... je vous écoute... Vous disiez que votre mère...?

— Elle fut séduite ici par un mauvais sujet... Elle se croyait véritablement aimée... elle acquit bientôt la preuve du contraire. Elle me portait dans son sein, lorsque celui en qui elle avait eu foi la repoussa, l'abandonna... la chassa même de chez lui... parce qu'elle voulait être sa femme légitime... Ma mère avait de la fierté, elle ne pardonna pas cet affront. Elle ne revit jamais celui qui l'avait trompée... Mais certainement vous souffrez, monsieur ?

Volenville est devenu pâle, tremblant, il respire à peine, et de grosses gouttes d'eau perlent sur son front ; il semble craindre de regarder Agénor et peut à peine articuler :

— Non... c'est l'émotion... votre récit m'intéresse tant !... Achevez... achevez, de grâce... votre mère...?

— Elle me mit au monde... me nourrit de son lait, puis lorsque j'eus huit mois et qu'elle me jugea assez fort pour supporter le voyage, elle vendit tout ce qu'elle possédait ici, et partit avec moi pour la Russie où elle comptait s'établir. Ainsi que je vous l'ai déjà dit, monsieur, ma mère était fort jolie. A Pétersbourg, le comte Ladiscof en devint amoureux et lui fit les propositions les plus belles. Mais, déjà trompée une fois, elle ne voulait pas l'être une seconde. Elle répondit au comte qu'elle ne serait qu'à l'homme qui l'épouserait et adopterait son fils en lui permettant de porter son nom. Le comte adorait ma mère... il céda. Vous savez, à présent, comment on a toujours pu croire que j'étais Russe et fils du comte Ladiscof.

— Oui... oui... Oh ! je comprends tout !... Il n'y a plus qu'une chose... que je voudrais savoir... Ah ! ce n'est pas une vaine curiosité qui me guide... un motif bien puissant... me pousse à vous adresser cette question... Le nom de votre mère... celui qu'elle portait avant d'épouser le comte... refuserez-vous de me l'apprendre ?

— Pourquoi donc en ferais-je un mystère à présent !... Ma mère, avant d'épouser M. de Ladiscof, se nommait Georgina Dumont.

— Georgina !... Georgina !... Vous êtes son fils... vous êtes... Ah ! mon Dieu !... Laissez-moi vous embrasser de grâce cher enfant !...

Et, sans attendre la réponse d'Agénor, Volenville lui a pris la tête et l'embrasse en le pressant convulsivement contre son cœur. Le jeune homme se dégage de ses bras en disant :

— Qu'avez-vous donc, monsieur, est-ce que vous auriez connu ma mère ?...

— Oui... je l'ai connue à Paris... avant qu'elle ne partît pour la Russie...

— Mais, vous faites erreur peut-être ?...

— Erreur !... oh ! non... attendez... attendez... vous allez en juger par vous-même...

Volenville se lève, va à son secrétaire et, dans le fond d'un tiroir, prend ce portrait que nous l'avons vu regarder déjà, en se rappelant cet amour de sa jeunesse. D'une main tremblante, il le présente à Agénor, en balbutiant :

— Tenez... connaissez-vous celle dont voilà le portrait ?...

Le jeune homme pousse un cri, en disant :

— Ma mère !... Oh ! oui, c'est bien ma mère ! Elle était encore assez jolie, aussi gracieuse quand elle est morte il y a neuf ans... elle avait trente et un ans cependant... mais elle paraissait jeune comme sur cette miniature... Comment ce portrait se trouve-t-il entre vos mains ? auriez-vous par hasard connu mon père ?... Ma mère m'a dit son nom, car lorsque j'eus atteint ma dixième année, elle me confia tous les chagrins de sa jeunesse, en me disant : « Si tu vas jamais en France, mon fils, si tu cèdes au désir de voir ce Paris, où tu es né, prends garde d'y rencontrer un homme dont le nom est Edelbert... »

— Edelbert... c'est bien cela !...

— Vous connaissez quelqu'un de ce nom ?

— Continuez... votre mère vous disait...?

— Cet homme-là est ton père, celui qui m'a repoussée... et je suis certaine que sa connaissance te serait funeste...

Volenville retire sa main, qui avait saisi celle d'Agénor, il baisse ses regards vers la terre et murmure :

— Ah ! votre mère vous a dit cela !...

— Oui, monsieur... mais, vous le voyez, je n'ai pas eu besoin de retrouver mon père pour me ruiner... pour dépenser follement ma fortune... car je n'ai plus rien, absolument rien, et comme je ne veux pas... comme je ne sais pas travailler d'ailleurs... je n'ai donc pas d'autre parti à prendre que de me jeter à l'eau...

— Vous tuer !... Ah ! jamais !... jamais !... éloignez ces idées lugubres... Rassurez-vous, vous n'êtes pas ruiné... vous avez encore de la fortune...

— Que dites-vous ?

— Je dis que cet argent que vous avez perdu cette nuit, vous sera rendu...

— Quoi !... les cent cinquante mille francs que je possédais en venant ici...

— Oui... oui... pas la somme tout entière d'abord, mais une partie... et plus tard... nous aurons le reste...

— Mais comment espérez-vous cela ?... C'est monsieur Berlingot qui m'a gagné presque tout ce que j'ai perdu...

— Sans doute... mais je le forcerai à rendre... c'est-à-dire, Berlingot me doit de l'argent... beaucoup d'argent... presque autant qu'il vous en a gagné... il faudra qu'il me paye... et cet argent vous reviendra...

— A moi, monsieur, mais à quel titre?... Vous voulez donc me le prêter?... Je ne puis accepter, car il me serait impossible de vous le rendre!...

— Non... non... vous comprenez mal... ce qui est à moi... n'est-il pas aussi à vous!... J'ai connu votre père... oui... j'étais son ami... son confident... bien des fois il s'est repenti de sa conduite avec votre mère. il eût été si heureux... si fier d'avoir un fils comme vous!... Un fils qu'il aurait aimé, dont il aurait prévenu tous les désirs... de grâce, laissez-moi faire pour vous... ce qu'il aurait voulu faire, lui ; laissez-moi m'occuper de votre sort à venir...

— Mais, monsieur... je ne sais si je dois...

Un coup de sonnette interrompt cette conversation.

— C'est Berlingot! s'écrie Volenville; et il court aussitôt ouvrir la porte. Mais, au lieu de Berlingot, il ne voit qu'un domestique de l'hôtel qui lui présente une lettre, en disant :

— On vient d'apporter cela pour vous, monsieur, et le commissionnaire est reparti tout de suite en criant qu'il n'y avait pas de réponse.

— Qui peut donc m'écrire de si bon matin? dit Volenville, tout en brisant le cachet de la lettre ; puis en regardant la signature il s'écrie :

— Berlingot!... c'est lui qui m'écrit au lieu de venir... qu'est-ce que cela signifie?... Éprouvant déjà une vive anxiété, il se retire à l'écart et lie :

« Mon cher Volenville, ne m'attend pas ; je pars. C'est une belle somme que cent quarante mille francs ! ce serait dommage de la partager. Tu m'as fait perdre la dot de la petite Croutmann, en t'y prenant mal avec Cramoisan ; il faut que je prenne ma revanche. Au reste, je ne suis pas inquiet de toi. Tu es trop adroit pour ne pas retomber toujours sur tes pieds... N'essaye pas de courir après moi, j'ai de l'avance, d'ailleurs à quel titre me poursuivrais-tu? Adieu, bonne santé. Nous nous raccommoderons au lansquenet. BERLINGOT »

Volenville est atterré, accablé par la lecture de cet billet ; il le tient encore dans ses mains, il le relit pour se convaincre qu'il ne s'abuse pas. Il ne veut pas croire, à la vérité, à ce coup qui le frappe, et auquel il ne trouverait rien que de fort naturel s'il frappait un autre que lui.

Surpris de voir Volenville immobile, et comme terrifié après avoir pris connaissance de ce message, Agénor fait quelques pas, pour s'approcher de lui, celui-ci se hâte alors de froisser dans sa main la lettre fatale et, s'efforçant de retrouver son courage, de dissimuler son désespoir, balbutie :

— Ce billet est de Berlingot... de celui qui me doit de l'argent... il m'écrit qu'il est forcé de faire un voyage... Cela me contrarie... mais rassurez-vous, monsieur... Agénor... rien ne vous manquera... Je me charge de veiller à ce que vous ne vous trouviez pas dans la gêne...

— Mais encore une fois, monsieur, à quel titre, et d'où vient cet intérêt que vous me portez maintenant?...

— Je vous l'ai dit... j'étais l'ami de votre père... j'ai connu votre mère... enfin... je ne suis pas un étranger pour vous. Mais vous êtes bien pâle... vous semblez fatigué... jetez-vous sur mon lit... dormez quelques heures... songez que vous êtes ici chez vous... moi...

je vais faire quelques courses... je reviendrai ensuite vous chercher... nous irons déjeuner ensemble... Vous le voulez bien, n'est-ce pas?...

Pour toute réponse, Agénor incline la tête. Alors Volenville lui prend la main, la serre convulsivement dans les siennes, tout en le regardant avec amour ; il voudrait bien l'embrasser encore, mais il craint de se trahir, et pour ne pas céder à cette voix qui le pousse à lui dire : « Je suis ton père ! » il le quitte brusquement et sort de chez lui avec les yeux pleins de larmes, en se disant :

— J'ai un fils... le rêve de mon âge mûr... un fils que je demandais pour faire son bonheur ! Et je l'ai ruiné, réduit à la misère... entraîné à sa perte!... Ah ! je suis un misérable!... mais à présent il faut que je tâche de réparer ma faute... Ah ! pour qu'il ne manque de rien, je travaillerai... je me ferai commissionnaire, s'il le faut... mais je pourvoirai à tous ses besoins. Pour commencer, je vais vendre ma montre... elle est belle... j'en aurai quelque argent... ensuite... Eh bien, je verrai... je chercherai!...

Après que Volenville est parti, le jeune Agénor se livre aux réflexions que fait naître dans son esprit l'affection singulière que cet homme lui témoigne depuis qu'il sait l'histoire de sa mère. Cette affection est si vive, si tendre, qu'elle fait concevoir à Agénor quelque soupçon ; il entrevoit la vérité, et se dit :

« Ce monsieur Volenville était l'ami de mon père... mais comment ce portrait de ma mère se trouve-t-il entre ses mains?... Il tremblait en me parlant... sa main pressait la mienne... comme on ne presse pas celle d'un étranger!... Cet homme serait-il mon père lui-même!... »

Ces pensées ont chassé le sommeil qui d'abord avait appesanti les yeux d'Agénor ; il se promène dans la chambre, il est inquiet, tourmenté. Tout à coup son pied rencontre un papier, c'est la lettre de Berlingot que Volenville avait froissée dans ses mains, puis qu'il avait laissée tomber sans y faire attention.

Agénor ramasse ce papier, il se rappelle que c'est le billet que Volenville a reçu le matin. Curieux de s'éclairer sur les motifs de sa conduite à son égard, il n'hésite pas à lire le contenu de cette lettre.

À mesure qu'il avance dans la lecture de ce billet ses traits prennent une expression effrayante, désolée, enfin, il a tout lu et ne peut murmurer que ces mots : Infamie!... ce sont des escrocs !... Ce Volenville était d'accord avec l'autre... et si c'était mon père !... Ah ! quel qu'il soit, je ne vivrai pas aux dépens de cet homme !... C'est bien à présent que je sais ce qui me reste à faire !

Agénor veut sortir, il cherche son chapeau ; en regardant sur les meubles pour le trouver, il aperçoit sur le secrétaire une paire de pistolets, il les examine, s'assure qu'ils sont chargés, et se dit :

— Comme cela, ce sera plus tôt fait !

Une minute après, Agénor n'était plus.

Lorsque Volenville revient à son hôtel avec l'argent qu'il a pu réaliser, il aperçoit beaucoup de monde rassemblé devant la maison, il s'informe de ce rassemblement.

— C'est un jeune homme qui s'est brûlé la cervelle, lui dit-on.

Aussitôt, poussé par un affreux pressentiment, Volenville écarte le monde, perce la foule, il ne demande plus de renseignements, il monte vivement chez lui, et trouve là le cadavre de son fils, qu'on a étendu sur le lit et qui tient encore dans sa main gauche la lettre de Berlingot.

Volenville prend ce papier et tombe à deux genoux devant le lit en s'écriant :

— Il l'a lu!... et il sera mort en me maudissant!... Ah! c'est trop! c'est trop!.., Je suis cruellement puni de tout le mal que j'ai fait!...

XIX

CONCLUSION

Ne terminons pas par un tableau si triste et qui n'est pas dans nos habitudes, mais quelquefois les événements vous entraînent, et d'ailleurs il faut bien que le vice soit puni ; si cela n'arrive pas toujours dans le monde, c'est bien le moins que cela se trouve dans les romans.

Je n'ai pas besoin de vous dire qu'Henry Demarsay est devenu l'époux de la jolie Kelly ; les nouveaux mariés, qui font un mariage bien uni, se sont retirés en Alsace avec la famille Croutmann. Gotlieb est encore coquette, mais Werther n'a plus autant de vanité, ce défaut a failli lui coûter trop cher.

Mathilde va toujours dans le monde avec de fort belles robes, mais comme elle n'a que sept mille francs de rente, elle ne mange souvent qu'un plat à son dîner afin de ne pas diminuer sa toilette. Chacun prend son plaisir où il le trouve..

Claudinette, l'aimable fille qui aime tant à obliger, s'est acheté une terre à vingt lieues de Paris ; elle passe là presque toute l'année et elle a pris pour son régisseur monsieur Deschassez, son ancien maître de danse, qui n'a accepté cet emploi qu'à la condition d'avoir devant son logement une boîte dans laquelle il fait mettre les pieds aux villageois qui manquent de dehors.

Le fugitif Cramoisan, qui s'était embarqué pour l'Amérique, a péri dans un naufrage, et Berlingot, qui s'était rendu à Monaco pour faire sauter la banque, ayant été surpris à tricher dans un cercle particulier, a reçu des soufflets, et, forcé de se battre, a été tué par celui qu'il avait volé.

Quant à Volenville, tombé dans le marasme après la mort de son fils, il a traîné quelque temps une existence misérable, puis a disparu tout à coup !...

Et ces pauvres Robillot que nous allions oublier !...

Le couple campagnard est retourné à Meaux, où il s'est remis à vendre du fromage, Thérèse gronde souvent son mari pour s'être laissé friponner à Paris ; celui-ci lui répond :

— Que veux-tu? c'est comme si nous n'avions pas hérité... voilà tout !...

Que conclure de tout cela? C'est qu'il vaut mieux être volé que voleur, et trompé que trompeur ; car, si les intrigants réussissent un moment à vivre aux dépens des personnes qu'ils dupent, leur triomphe n'est jamais de longue durée ; ce qui l'emporte toujours sur les folies, les sottises enfantées par l'ambition et la vanité, c'est la satisfaction que l'on éprouve lorsque notre conscience ne nous reproche rien.

FIN

TABLE DES CHAPITRES

FIN DE LA TABLE DES CHAPITRES

Paris. — Imp. Vᵉ P. Larousse et Cⁱᵉ, 19, rue Montparnasse. — Jules ROUFF et Cⁱᵉ, Éditeurs.

JULES ROUFF & Cⁱᵉ, ÉDITEURS

PARIS. — 14, Cloître Saint-Honoré, 14. — PARIS.

EXTRAIT DU CATALOGUE GÉNÉRAL

Collection J. ROUFF, à 1 fr. 50 le volume

In-18 jésus, très beau papier vélin glacé

PAUL DE KOCK Œuvres complètes		PAUL DE KOCK (suite)		PAUL DE KOCK (suite)		PAUL DE KOCK (suite)	
Monsieur Dupont	1 v.	L'Ane à M. Martin	1 v.	L'Homme aux trois culottes.	1 v.	Les Epoux Chamoureau	1 v.
Mon voisin Raymond	1 v.	La Baronne Blaguiskoff	1 v.	Monsieur de Volenville.	1 v.	Le Petit Isidore	1 v.
La Femme, le Mari et l'A-		La Bouquetière du Château-		Berlingot et Cⁱᵉ	1 v.	Alexis et Georgina	1 v.
mant	1 v.	d'Eau	2 v.	Un Jeune Homme mysté-		Flon, Flon, Flon, Larira-	
L'Enfant de ma Femme.		Carotin	1 v.	rieux	1 v.	dondaine	1 v.
Nouvelles et Théâtres	1 v.	Corisette	1 v.	La Jolie Fille du Faubourg.	1 v.	Un Monsieur très tour-	
Georgette	1 v.	Les Compagnons de la		Madame de Monflanquin.	2 v.	menté	1 v.
Le Barbier de Paris	1 v.	Truffe	2 v.	Madame Pantalon	1 v.	
Madeleine	1 v.	Le Concierge de la rue du		Madame Tapin	1 v.	TOUCHARD-LAFOSSE
Le Cocu	1 v.	Bac	1 v.	Un Mari dont on se moque.	1 v.	
Un bon Enfant	1 v.	L'Amant de la Lune	3 v.	La Mariée de Fontenay-aux-		Chroniques de l'Œil-de-Bœuf :
Un Mari perdu	1 v.	La Dame aux trois corsets.	1 v.	Roses	1 v.	des petits appartements de la
Gustave le mauvais sujet.	1 v.	La Demoiselle du cinquième	2 v.	Ce Monsieur	1 v.	cour et des salons de Paris sous
André le Savoyard	1 v.	Les Demoiselles de magasin	2 v.	M. Chérami	1 v.	Louis XIII et Louis XIV, la Ré-
La Pucelle de Belleville.	1 v.	Une drôle de Maison.	1 v.	M. Chonblane	1 v.	gence, Louis XV et Louis XVI.
Un Tourlourou	1 v.	Les Etuvistes	2 v.	Papa Beau-père	1 v.	Principaux faits historiques, ar-
La Maison blanche	1 v.	La Famille Braillard	2 v.	Le Petit-Bonhomme du coin	1 v.	tistiques et littéraires sous une
Frère Jacques	1 v.	La Famille Gogo	2 v.	La Petite Lise.	1 v.	forme attrayante et des plus
Zizine	1 v.	Les Femmes, le Jeu et le		Les Petits Ruisseaux.	1 v.	instructives.
Ni jamais, ni toujours .	1 v.	Vin	1 v.	La Prairie aux coquelicots.	2 v.	
Un Jeune homme charmant.	1 v.	Une femme à trois visages.	2 v.	Le Professeur Ficheclaque .	1 v.	1ʳᵉ série de 1624 à 1630. 1 v.
Sœur Anne	1 v.	La Fille aux trois jupons.	1 v.	Sans Cravate	2 v.	2ᵉ — de 1630 à 1672. 1 v.
Jean	1 v.	Friquette	1 v.	Le Sentier aux prunes	1 v.	3ᵉ — de 1672 à 1693. 1 v.
La Laitière de Montfermeil.	1 v.	Une Gaillarde	2 v.	Taquinet le Bossu.	1 v.	4ᵉ — de 1693 à 1714. 1 v.
Contes et chansons	1 v.	La Grande Ville	1 v.	L'Amour qui passe et l'A-		5ᵉ — de 1714 à 1729. 1 v.
Une Fête aux env. de Paris.	1 v.	Les Enfants du boulevard :		mour qui vient.	1 v.	6ᵉ — de 1729 à 1754. 1 v.
L'Homme de la nature.	1 v.	— Les Nouveaux Trouba-		La Mère d'Auteuil :		7ᵉ — de 1754 à 1770. 1 v.
Moustache	1 v.	dours.	1 v.	— Madame Saint-Lam-		8ᵉ — de 1770 à 1789. 1 v.
L'amoureux transi	1 v.	— Un Petit-Fils de Car-		bert	1 v.	
Mon ami Piffard	1 v.	touche.	1 v.	— Benjamin Godichon.	1 v.	
		Une Grappe de groseille.	1 v.	Paul et son Chien	1 v.	

Bibliothèque J. ROUFF, à 3 fr. le volume

In-18 jésus très beau papier vélin glacé

CAMILLE ALLARY		ALEXIS BOUVIER (suite)		CONSTANT GUÉROULT		HENRI ROCHEFORT	
Laurence Clarys	1 v.	Les Pauvres	1 v.	L'Affaire de la rue du Tem-		Mademoiselle Bismarck.	1 v.
ODYSSE BAROT		Etienne Marcel	1 v.	ple	1 v.	De Nouméa en Europe.	1 v.
Les Amours de la duchesse		Les Drames de la Forêt.	1 v.	La Bande à Fifi Vollard	1 v.	Les Naufrageurs	1 v.
Jeanne	1 v.	Amour, Misère et Cⁱᵉ.	1 v.			Les Dépravés	1 v.
John Marcy	1 v.	ALPHONSE DROT		HENRI DE KOCK		MAXIME RUDE
Le Procureur impérial (le		Les Nuits terribles	1 v.	La Fille d'un de ces Mes-		Le Roman d'une Dame
Clocher de Chartres)	1 v.	Miss Million	1 v.	sieurs	1 v.	d'honneur (deuxième em-
Le Procureur impérial (le		A. BROT ET SAINT-VÉRAN		JULES LERMINA		pire)	1 v.
Condamné)	1 v.	Les Compagnons de l'Arche.	1 v.	Les Mariages maudits.	1 v.	Une Victime de couvent.	1 v.
Le Casier judiciaire.	1 v.	JEAN BRUNO		La Haute Canaille.	1 v.	Le Cousin infâme.	1 v.
ALEXIS BOUVIER		M'sieu Gugusse	1 v.	JULES MARY		P. DE SAINTE-MARTHE
La Grande Iza	1 v.			La Faute du docteur Made-		Une attaque nocturne.	1 v.
La Femme du Mort.	1 v.	ALEXIS CLERC		lor	1 v.	PAUL SAUNIÈRE
Le Mouchard.	1 v.	Si nous causions femmes.	1 v.	Les Nuits rouges	1 v.	Monseigneur.	1 v.
La Belle Grêlée	1 v.	Frère Nicéphore.	1 v.	PRINCESSE OLGA		Le Secret d'or.	1 v.
Malheur aux pauvres.	1 v.	ACHILLE DALSÈME		Vie galante en Russie (Ef-		ALFRED SIRVEN
Mademoiselle Olympe	1 v.	L'Envers de Paris. — La		feuillons la marguerite).	1 v.	Un Drame au couvent.	1 v.
Le Mariage d'un forçat.	1 v.	Banque Duvoisin.	1 v.			E. THIAUDIÈRE
Les Créanciers de l'échafaud	1 v.	Le Londemain du bal.	1 v.	PAUL D'ORSIÈRES		La Petite fille du Curé.	1 v.
Mademoiselle Beausourire.	1 v.	P. DELCOURT		Macha.	1 v.	Le Roman d'un Bossu.	1 v.
Iza Lolotte et Cⁱᵉ.	1 v.	Agence Taboureau (célérité		La Chevalière.	1 v.	VAST-RICOUARD
La Princesse Saltimbanque.	1 v.	et discrétion)	1 v.	G. DE PARSEVAL DESCHÉNES		La Danseuse de corde.	1 v.
Les Soldats du Désespoir.	1 v.	Picelle, successeur de Ta-		Les Mystères du hasard		YVES GUYOT
Le Fils d'Antony	1 v.	boureau	1 v.	(l'Oubliette du manne-		L'Enfer social.	1 v.
Bayonnette, histoire d'une		CH. DIGUET		quin).	1 v.	P. ZACCONE
jolie fille	1 v.	Moi et l'Autre	1 v.	Les Mystères du hasard (une		Une haine au bagno (t. 1ᵉʳ).	1 v.
Auguste Manette	1 v.	Le Bâtard du Bourreau.	1 v.	Erreur judiciaire).	1 v.	— (t. II). 1 v.
La Rousse	1 v.					
La Bouginotte.	1 v.					
Le Domino rose.	1 v.					

Collection de luxe in-18 jésus à 3 fr. 50 le volume

Mémoires de M. Claude		ALEXIS CLERC		TH. LABOURIEU		HENRI ROCHEFORT	
Chef de la police de sûreté sous		L'Amour qui fait manger.	1 v.	Les Crimes de Paris (le		Les Petits mystères de l'Hô-	
le second empire	10 v.	OSCAR COMMETTANT		Drame de la rue Charlot).	1 v.	tel des ventes.	1 v.
Faits divers de l'année 1881		Histoire de bonne humeur.	1 v.	ANDRÉ LÉO		AUGUSTE SAULIÈRE
Faits divers de l'année 1882		HENRY DEMESSE		L'Enfant des Rudère.	1 v.	L'Amour terrible.	1 v.
Faits divers de l'année 1883		Gant de fer	1 v.	JULES MARY		Morte d'amour.	1 v.
ODYSSE BAROT		JULES GROS		Le Boucher de Meudon.	1 v.	Pour une femme.	1 v.
Le Fort de la Halle (t. 1ᵉʳ).	1 v.	Les 773 millions de Jean-		Les Damnés de Paris (l'En-		ALFRED SIRVEN
— (t. II).	1 v.	François Jolivet.	1 v.	dormeuse).	1 v.	La Bigame.	1 v.
Les Trois Bâtards.	2 v.	Les Secrets de la mer.	1 v.	CARLE DES PERRIÈRES		EDMOND THIAUDIÈRE
FORTUNÉ DU BOISGOBEY		Les Trésors de la montagne.	1 v.	Rien ne va plus.	1 v.	La Maison fatale.	1 v.
Le Coup d'œil de M. Pie-		Mouffetard 1ᵉʳ.	1 v.	Paris-Joyeux.	1 v.	VAST-RICOUARD
douche	1 v.	Monsieur et Madame Mouf-				La Belle héritière.	1 v.
		fetard.	1 v.			

Paris. — Imp. Vᵉ P. Larousse et Cⁱᵉ, rue Montparnasse, 19.

Jules ROUFF et Cⁱᵉ, Éditeurs, 14, cloître Saint-Honoré, à Paris.

EXTRAIT DU CATALOGUE GÉNÉRAL
Collection in-4° illustrée

PAUL DE KOCK		PAUL DE KOCK (suite)		PAUL DE KOCK (suite)		P. DU TERRAIL (suite)	
Œuvres complètes		La Femme, le Mari et l'A-		*En préparation*		Lo Chambrion.	» 70
		mant.	1 15	Friquette.	» 70	Lo Nouveau maître d'école.	» 70
L'Enfant de ma femme.	» 55	Le Barbier de Paris.	1 15	Un Jeune homme mysté-		Dragonne et Mignonne.	» 90
Une Fête aux env. de Paris.	» 55	Le Cocu	1 15	rieux.	3 75	Lo Grillon du moulin.	1 »
Un Homme à marier.	» 55	La Pucelle de Belleville.	1 15	La Mariée de Fontenay-		La Fée d'Autueil.	» 90
Mon ami Piffard	» 55	Un tourlourou.	1 15	aux-Roses.		Capitaine des pénit. noirs.	1 20
L'Âne de Monsieur Martin.	» 55	Frère Jacques.	1 15	PONSON DU TERRAIL		L'Auberge de la rue des	
Nouvelles et théâtre.	» 75	Zizine	1 15	**Rocambolo**		Enfants-Rouges.	2 »
L'Amour qui passe et l'A-		Un Jeune homme charmant	1 15	Los Drames de Paris, 2 vol.	15 90	L'orgue de Barbarie.	1 »
mour qui vient.	» 75	Jean	1 15	*Les mêmes par parties :*		**EUGÈNE SUE**	
Taquinet le Bossu.	» 75	L'Homme de la nature.	1 15	1 L'Héritage mystérieux.	2 70	Les Mystères de Paris.	5 »
La Fille aux trois jupons.	» 75	Moustache.	1 15	2 Le Club des Valets de		Lo Juif-Errant.	5 »
Les Femmes, le Jeu et le Vin.	» 75	La Jolie fille du faubourg.	1 15	Cœur.	3 75	Los Misères des enfants	
Le Sentier aux prunes.	» 75	L'Amoureux transi.	1 15	3 Exploits de Rocambole.	3 90	trouvés.	4 80
Concierge de la rue du Bac	» 75	Ce Monsieur.	1 15	4 La Revanche de Baccarat.	1 20	La Famille Jouffroy.	3 »
Monsieur de Volenville.	» 75	Carotin.	1 15	5 Chevaliers du clair de lune	2 10	L'Institutrice.	» 90
Berlingot et Cⁱᵉ.	» 75	Madame Pantalon.	1 15	6 Le Testament de Grain-		Atar-Gull	» 70
Le Petit bonhomme du coin.	» 75	André le Savoyard.	1 35	de-Sol.	2 25	La Salamandre	» 90
Flon, flon, flon, Lariradon-		Maison-Blanche.	1 35	Résurrection de Rocambole	5 55	Lo Marquis de Létorières.	» 50
daine.	» 75	Sœur Anne.	1 35	Dernier mot de Rocambole.	7 50	Arthur.	1 80
Monsieur Dupont.	» 95	La Laitière de Montfermeil.	1 35	Les Misères de Londres.	4 20	Thérèse Dunoyer.	» 90
Georgette.	» 95	Sans cravate.	1 35	Les Démolitions de Paris.	2 40	Deux-histoires.	1 10
Madeleine.	» 95	Madame de Monflanquin.	1 35	La Corde du pendu.	2 40	Latréaumont	1 10
Un bon Enfant.	» 95	Monsieur Chérami.	1 15	Lo Retour de Rocambole.	5 20	Comédies sociales.	» 70
Gustave le mauvais sujet.	» 95	La Famille Braillard.	1 35	Les Nouveaux exploits de		Jean Cavalier.	1 80
Ni jamais ni toujours.	» 95	Les Compagnons de la		Rocambole	5 50	La Coucaratcha.	1 10
Contes et Chansons.	» 95	Truffe	1 35	Les Drames du village.	4 20	Le Commandeur de Malte.	1 10
L'Homme aux trois culottes	» 95	La Famille Gogo.	1 60	L'Armurier de Milan.	1 10	Paula Monti.	» 90
Un M. très tourmenté.	» 95	Cerisette.	1 60	Les Cavaliers de la nuit.	2 40	Plik et Plok.	» 70
Monsieur Choublanc.	» 95	La Bouquetière du Châ-		Le Pacte de sang.	4 20	Deleytar.	» 50
Une grappe de groseille.	» 95	teau-d'Eau.	1 60	Mystères du demi-monde.	2 »	Mathilde.	2 75
La Dame aux trois corsets.	» 95	La Demoiselle du cinquième	1 60	Nuits de la Maison-Dorée.	1 10	Lo Morne au Diable.	1 10
La Baronne Blaguisket.	» 95	Le Petit Isidore.	1 60	La Jeunesse du roi Henri.	11 25	La Vigie de Kont-Ven.	1 80
Les Petits ruisseaux.	» 95	Les Demoiselles de magasin	1 60	L'Héritage d'un comédien.	» 70	Les Sept péchés capitaux.	6 »
Le Professeur Ficheclaque.	» 95	Les Enfants du boulevard.	1 60	Le Diamant du comman-		La Bonne aventure.	1 80
Une Drôle de maison.	» 95	La Prairie aux coquelicots.	1 60	deur	» 90	Jean Bart et Louis XIV.	9 »
La Grande Ville.	» 95	Une Gaillarde.	1 95	Les Masques rouges.	1 95	Les Enfants de l'amour.	1 10
Madame Tapin.	» 95	La Mare d'Auteuil.	1 95	Le Page Fleur de Mai.	1 95	Les Mémoires d'un mari.	2 50
Un Mari dont on se moque.	» 95	Les Étuvistes.	1 95	Les Cosaques à Paris	2 70	Les Légendes du peuple.	4 40
Papa Beau-père.	» 95	Paul et son chien.	1 95	Lo Roi des bohémiens.	1 10	Mademoiselle do Plouernel.	1 10
La Petite Lise.	» 95	Une Femme à trois visages.	1 95	La Reine des gypsies.	1 10	Les Fils de famille.	2 55
Mon voisin Raymond	1 15	L'Amant de la Lune.	3 15	Mémoires d'un gendarme.	1 »	Mathilde (édit. de luxe).	5 »

Nouvelle collection in-4° illustrée
Très beau papier, magnifiques gravures

PAUL DE KOCK		PAUL DE KOCK (suite)		JEAN BRUNO		PAUL SAUNIÈRE	
Gustave le mauvais sujet.	2 »	Moustache.	2 »	M'sieu Gugusse.	2 »	Monseigneur. T. Iᵉʳ	6 »
Monsieur Dupont.	2 »	Ni jamais ni toujours.	2 »	**TONY RÉVILLON**		— T. II (le Secret d'or).	9 »
Mon voisin Raymond.	2 »	Un homme à marier.	} 2 »	Le Faubourg St-Antoine.	2 »	**F. COOPER**	
La Pucelle de Belleville.	2 »	Un mari perdu.		Le Drapeau noir.	2 »	Le Dernier des Mohicans.	1 75
Georgette.	2 »	Le Barbier de Paris.	2 »	**CONSTANT GUÉROULT**		Œil de Faucon.	1 75
Le Cocu	2 »	L'Homme de la nature et		L'Affaire de la rue du Tem-		Ontario.	1 75
La Laitière de Montfermeil.	2 »	l'homme policé.	2 »	ple.	6 »	**TOUCHARD-LAFOSSE**	
La Femme, le Mari et l'A-		L'Enfant de ma femme.	2 »	La Bande à Fifi Vollard	6 50	Chroniques de l'Œil-de-	
mant.	2 »	**ALEXIS BOUVIER**		**ALEXIS CLERC**		Bœuf : des petits appar-	
André le Savoyard.	2 »	La Femme du Mort.	3 50	Physique et chimie populaires.		tements de la Cour et des	
Zizine	2 »	La Grande Iza.	5 50	T. Iᵉʳ. Notions prélimi-		salons de Paris, sous	
La Maison-Blanche.	2 »	Le Mouchard	5 »	naires, pesan-		Louis XIII et Louis XIV,	
Un Tourlourou	2 »	Les Créanciers de l'échafaud	5 50	teur, chaleur,		la Régence, Louis XV et	
Un bon Enfant.	2 »	Le Belle Grêlée.	6 »	acoustique.	10 »	Louis XVI. Principaux	
Un Jeune homme charmant	2 »	Mademoiselle Olympe.	5 »	T. II. Électricité, stati-		faits historiques, artisti-	
Madeleine.	2 »	Mademoiselle Beau-Sourire	5 »	que.	10 »	ques et littéraires, sous	
Sœur Anne.	2 »	Iza Lolotte et Cⁱᵉ.	7 50	T. III. Chimie, magné-		une forme attrayante et	
Jean	2 »	Le Fils d'Antony.	5 »	tisme, optique,		des plus instructives.	
Frère Jacques.	2 »			électricité dy-		Tome Iᵉʳ.	10 »
				namique.	10 »	Tome II.	10 »

PUBLICATIONS ILLUSTRÉES
SOUSCRIPTION PERMANENTE : { 10 centimes la livraison (8 pages); 50 centimes la série (5 livraisons).

ODYSSE BAROT	ALEXIS BOUVIER (suite)	XAVIER DE MONTÉPIN	ÉMILE RICHEBOURG
Le Procureur impérial.	Bayonnette.	L'Homme aux figures de cire.	Jean Loup.
ADOLPHE BITARD	La Rousse.	**CONSTANT GUÉROULT**	**PONSON DU TERRAIL**
Les Arts et Métiers.	**JEAN BRUNO**	L'Affaire de la rue du Temple.	Les Drames de Paris. ROCAMBOLE.
ALEXIS BOUVIER	M'sieu Gugusse.	La Bande à Fifi Vollard.	**PAUL SAUNIÈRE**
La Femme du Mort.	**TONY RÉVILLON**	**PAUL DE KOCK**	Monseigneur.
La Grande Iza.	Le Faubourg St-Antoine.	Œuvres choisies.	Le Secret d'or.
Le Mouchard.	Le Drapeau noir.	**TOUCHARD-LAFOSSE**	La Petite marquise.
Les Créanciers de l'échafaud.	**ALEXIS CLERC**	Chroniques de l'Œil-de-Bœuf.	**EUGÈNE SUE**
La Belle Grêlée.	Physique et chimie populaires.	**JULES MARY**	Le Juif Errant.
Mademoiselle Olympe.	Hygiène et médecine.	Les Damnées de Paris.	
Mademoiselle Beau-Sourire.	Hygiène et médecine des	**EMMANUEL GONZALÈS**	
Iza Lolotte et Cⁱᵉ.	deux sexes.	Essai le Lépreux.	Mémoires de M. Glaude.
Le Fils d'Antony.			

Paris. — Imp. Vᵛᵉ P. Larousse et Cⁱᵉ, rue Montparnasse, 19.

www.ingramcontent.com/pod-product-compliance
Lightning Source LLC
LaVergne TN
LVHW022020080426
835513LV00009B/814